계급

계급

이재유 지음

책세상

차례

1장

왜 아직도 계급이 중요한가

사회적 불평등의 원인을 탐구하다

빈부 격차—사회관계 구조의 문제

현대 자본주의 사회의 가장 커다란 특징은 '부익부 빈익빈' 현상이다. 부자는 점점 더 부자가 되고 가난한 자는 점점 더 가난하게 된다. 이 말을 다시금 곱씹어보면 가난하게 태어난 자는 부자가 될 가능성이 거의 없다는 말과 같다.

오늘날 한국 사회에서는 돈이 없으면 대학에 가기 힘들다. 막대한 사교육비가 대학 입학의 필수 조건이 되었고, 이를 입증하듯 최근 몇 년 동안 서울대학교 입학생의 약 40%가 강남 출신이다. 소위 일류 대학을 못 나오면 취업 문턱이 높기만 하고, 더욱이 대학 졸업장이 없으면 저임금에 인간 대접을 받기도 어렵다. '개천에서 용 난다'는 말은 이제 옛말이 돼버렸다. 봉건주의 사회의 신분 세습제가 자본주의 사회에서는 부의 세습으로 이어지고 있다.

열심히 일하고 노력하는데도 왜 날이 갈수록 살기가 힘든 것일까? 대부분 사람들은 문제의 근본 원인이나 사회 구조의 맥락에 관심을 갖기보다는 개인의 탓으로 생각하는 경향이 있다. 내가 못사는 것은 내 탓이라고 '그러려니' 하며 쉽게 체념해버린다. 그러나 빈부의 차가 단지 개인의 책임 문제일까?

우리 사회에서 대학 입학 시험은 곧 정보력 싸움이다. 강남의 부유층 자녀들이 서울대학교에 많이 합격한다는 것은 경제력을 바탕으로 정보 싸움에서 우위에 있는 부유층이 몇 백만 원짜리 족집게 과외나 유명 학원에서 수능시험 정보를 더 많이 확보할 수 있다는 의미다. 공부를 잘하고 못하고는 부모의 재력과 교육 정책에 달려 있다. 이런 현상은 해마다 반복되고 반복될수록 그 격차는 커져왔다.

이처럼 공부를 못하는 것이 순수하게 나만의 책임이 아니듯이 가난한 것도 순수하게 개인의 책임만은 아니다. 온전히 개인의 문제라면 사회 문제로 존재하지 않을 것이다. 사회 문제는 인간관계의 문제이고 인간관계의 문제는 그러한 관계를 만드는 사회 구조의 문제다. 우리는 모두 인간관계의 망, 즉 사회관계 구조 안에서 살아가며 이 망을 빠져나가서 혼자 살아갈 수는 없다.

부익부 빈익빈의 근원지 — 생산관계

그렇다면 사회관계 구조는 어떻게 구성되는 것일까? 인간이 생존하려면 먼저 물질적인 욕구가 충족돼야 한다. 즉 물질적인 생산물을 소비하면서 살아가는데, 이러한 물질적인 생산 활동을 경제 활동이라고 하고, 물질적인 생산을 둘러싼 인간관계를 경제 관계라고 한다.

경제 관계라고 하면 흔히 수요와 공급의 관계, 또는 사는 사람(구매자)과 파는 사람(판매자)의 관계, 즉 교환 관계를 떠올리게 된다. 이러한 교환 관계는 동등한 것이다. 어느 한쪽이 일방적으로 손해를 보는 교환은 이루어질 수 없기 때문이다. 하지만 동등한 교환 관계를 맺고 있더라도 현실에서 잘사는 사람과 못사는 사람들의 경제적 격차는 더욱 벌어지고 있다. 이것이 바로 부익부 빈익빈이고 소득의 양극화이다. 왜 이러한 일이 벌어지는 것일까?

앞에서 말한 것처럼 교환 관계에는 아무런 문제가 없어 보인다. 그렇다면 교환될 생산물을 생산하는 생산관계에 문제가 있는 것일까? 누가 생산 수단(토지, 공장 건물, 기계 등)을 가지고 무엇을 또는 누구를 위해 얼마만큼 생산할지를 결정하는 사람들과 그 결정에 따라 일개미처럼 일만 하는 사람들 사이의 관계에 문제가 있는 것일까?

계급론은 모든 사회적 불평등의 원인을 파고 들어가 그 문제의 원인
을 찾고 해결하고자 하는 이론이다.

이러한 문제를 탐구하는 이론이 계급론이다. 계급론은 왜 대
학에 가기 어려운지, 왜 대학을 나와도 취직하기가 하늘에 별 따
기만큼 어려운지, 왜 노력해도 공부를 못하는지, 왜 고급 정보가
수두룩한 족집게 과외를 받지 못하면 일류 대학에 못 가는지, 왜
우리 부모는 가난한지 등 모든 사회적 불평등의 원인을 파고 들
어가 그 문제의 원인을 찾고 해결하고자 하는 이론이다.

2

계급 관계의 이해—
인간답고 행복한 삶의 기초

계층, 민중, 시민은 계급과 어떻게 다른가

흔히 사람들은 자신의 사회적 지위를 중간층 또는 중산층으로 분류한다. 그리고 중간층이 상류층으로 가는 징검다리이면서 하류층과는 경제·문화적인 측면에서 질적으로 다른 층이라고 생각한다.

이처럼 사회 구조를 계층으로 분류하는 이론을 계층론이라고 한다. 계층론은 단순히 소득 수준에 따라 계층을 나누는 양적 분류의 성격을 띠는데, 어떤 기준을 가지고 몇 개의 층으로 나눌 것인지가 문제가 된다. 자의적으로 분류 기준과 수를 정할 경우 객관성을 확보할 수 없기 때문이다. 그리고 계층론에서는 각 계층이 어떤 동질적 속성을 지니고 있으며 서로 어떤 관계를 맺고 있는지 파악하기 어렵다. 왜 상류층이 하류층보다 소득이 더 많은지를 계층론은 제대로 설명해줄 수 없다. 계층에 관한 이론은 유럽의 근대 사회는 경제적 측면에서는 자본주의, 정치적 측면에서는 민주주의, 그리고 사회적 측면에서는 시민 사회의 성격을 지닌다. 시민 사회라는 용어가 처음 등장한 것은 17세기 영국에서인데, 교회의 지배에 대립하는 개념으로 출발해 점차 절대 왕정에 대항하는 개념으로 사용되었다. 여기에 명확한 이론적 근거를 부여한 이가 존 로크이다. 로크는 자유롭고 평등한 개인이 사회 계약에 의해 구성하는 사회를 시민 사회라 정의하고, 이를 정부와 구별했다. 시민 사회는 생명·자유·재산이라는 개인의 권리에 기초해 이를 수호하기 위한 시민적 결합을 일컫는다.

왜 그런 계층이 발생하게 되었는지를 문제 삼지 않는다. 단지 이러저러한 계층이 존재한다는 '사실'을 알려줄 뿐이다.

민중people이나 시민civil이라는 개념도 마찬가지다. 민중이란 엄밀하게 말해 과학적 개념이 아니다. '인민 대중'의 줄임말로 피지배 계급 전체, 즉 경제적으로 착취당하고 소외받는 사람들뿐만 아니라 성과 인종의 소수자 등 차별을 받는 모든 사람을 가리킨다. 계급이 각 재료들이 어떻게 쓰여서 어떻게 건축물이 완성되었는지 보여준다면 민중은 단지 그러한 재료들을 쌓아놓은 것에 지나지 않는다. 한편 시민은 그 자체로는 지배-피지배의 관계, 빈익빈 부익부의 관계가 전혀 드러나지 않는 개념이다. 시민이란 형식적인 동의와 동등의 관계를 지향하는 시민 사회의 구성원을 뜻하므로 마치 양의 탈을 쓴 늑대와도 같다. 늑대가 양의 탈을 쓰면 양인지 늑대인지 구별할 수 없는 것처럼, 시민이라는 개념을 사용하면 지배층과 피지배 계층 모두 시민이 되므로 누가 지배층이고 누가 피지배층인지를 구별할 수 없게 된다.

자유로운 관계와 행복한 삶

우리가 사는 현대 사회는 다양한 사람들이 다양한 개성을 가지고 사는 사회다. 그런데 계층, 민중, 시민이라는 개념으로는 이러한 다양성 속에 숨어 있는 연관성이나 공통점을 파악할 수 없

다. 즉 다양한 계층이 존재한다는 사실을 이야기할 뿐, 왜 다양
성이 나오며 그 다양성 속에서 사람들이 어떤 관계를 맺고 살아
가는지 말해주지 않는다.

　그러나 자신의 삶과 자유로운 미래를 생각한다면, '인간다운
삶'을 원한다면 이런 관계와 다양성을 알아야 한다. 인간다운 삶
이란 자유롭고 행복한 삶일 텐데, 그렇다면 인간이란 어떤 존재
이고 자유란 무엇이며 또 행복이란 무엇인가?

　인간이란 관계의 총체다. 자기 자신에 대해 "나는 ~이다"라고
말할 때 "~이다"에는 과거와 현재, 미래의 관계가 모두 담겨 있
다. 물론 가장 중요한 것은 현재다. 과거는 어제의 현재이고 미
래는 내일의 현재이므로 결국 모든 순간이 현재인 셈이다. 그리
스의 철학자 소크라테스는 "너 자신을 알라"고 말했다. 자신을
안다는 것, 자신이 누구인지를 문제 삼는다는 것은 자신이 과거
의 어떤 관계에서 태어나 현재 어떤 관계를 맺고 살아가는지, 그
래서 미래에 어떤 관계를 선택해 살아야 할지를 아는 것이다. 그
러므로 인간은 자신의 삶의 역사를 알아야 한다.

　사람은 모두 자유롭게 살고 싶어 하고 자유를 누릴 때 행복을
느낀다. 자유롭다는 것은 무엇으로부터 자유롭다는 것일까? 현
재 맺고 있는 인간관계의 틀(형식)과 내용을 벗어나 새롭게 폭넓
은 인간관계를 맺는 과정이 바로 자유라고 할 수 있다. 그러나
우리는 어렸을 때부터 자유로운 관계를 선택하는 데 제약을 받

아왔다. 친구를 사귈 때도 '저 아이는 가난하니까', '저 아이는 엄마(아빠)가 없으니까', '저 아이는 장애인의 자식이니까' 같은 이유로 수많은 벽을 만들어왔다. 새로 문을 연 초등학교 인근 아파트 주민들이 자기 아이들을 보육원 아이들과 같이 공부시킬 수 없다고 교육청에 진정서를 제출한 일도 있다.

계층이 다르다는 이유로 관계 맺음에 제한을 두어야 하는 이유가 무엇일까? '저 아이의 눈빛이 예뻐서', '저 아이는 씩씩해서', '저 아이는 마음씨가 고와서', '저 아이는 늘 남을 배려해서' 등의 이유로 관계를 맺고 싶은데 암묵적인 사회 질서가 관계를 맺지 못하도록 압력을 행사할 때, 우리는 외롭고 불행하다고 느낀다. 왜 이런 어려움을 겪어야 하는 것일까? 우리에게는 이 물음에 대한 답을 찾아내 인간답게, 자유롭고 행복하게 살 권리와 의무가 있다.

계급, 내 존재를 찾는 질문

계급 관계는 역사적으로 불평등의 성격이 어떻게 변해왔고, 불평등을 완화하거나 해체하려면 현재의 계급 관계가 어떻게 변화되어야 하는지를 보여준다. 계급이 무엇인지를 이해하려면 먼저 과거부터 지금까지의 계급의 변화를 살펴보아야 한다. 사랑하는 사람을 이해하려면 그 사람의 개인 역사를 이해해야 하듯이 말이다. 계급의 역사를 통해 우리는 계급의 정의를 이끌어낼 수 있다. 계급론에는 마르크스주의의 계급 정의와 베버의 계급 정의가 있다. 이 두 정의를 통해 계급 이론에 대한 논쟁의 흐름을 살펴볼 수 있다.

계급의 역사와 정의를 살펴본 뒤에는 계급 개념을 바탕으로 현대의 주요한 양대 계급인 자본가 계급과 노동자 계급이 구체적으로 어떻게 만들어졌는지 근대 사상가들의 사유를 통해 살펴보고자 한다.

세 번째로는 계급에 관한 이론 논쟁의 흐름을 살펴볼 것이다. 이 흐름에는 마르크스주의에 기반을 둔 계급 이론, 마르크스주의를 넘어서고자 하는 계급 이론, 베버의 입장에 서 바라본 계급 이론이 있다. 이 세 흐름을 통해서 계급을 이해하고 나아가 자신의 삶을 어떻게 살아야 할지 가늠해볼 수 있다.

마지막으로 계급 이론들을 통해 무엇을 얻고 어떤 방향으로 나아가야 할지 이야기하고자 한다. 이론들 간의 차이는 무엇이고, 그 차이로부터 어떤 공감대를 형성하며, 그 공감대를 바탕으로 더 나은 삶을 어떻게 현실화할지 살펴볼 것이다.

'나는 누구인가?' 이 말은 곧 '나는 어떤 계급에 속하는가?'와 동일하다. 나는 누구인지 계급을 통해 찾아가 보자.

자본주의 사회의 자유

자유란 인간관계를 맺기 위한 의사소통에 제한을 받지 않는 것이다. 인간은 인간관계를 통해 인간으로서 자기 자신을 확증할 수 있으며, 자신의 정체성을 형성해나간다. 인간관계는 인간 자신의 행위, 활동(이것을 마르크스는 대상적 활동에 속하는 노동이라고 부른다)과 그 활동의 산물을 공유하고 교환함으로써 이루어진다. 이때 자신이 만들어낸 생산물은 사회의 부가 되며 동시에 다른 사람들도 공유하게 된다. 그러므로 자유란 생산물(사회적 부)의 공유를 통해 사회 안에서 의사소통하며 관계를 맺어나가고 자신을 인간으로 완성해나가는 끊임없는 과정이다.

이때 인간관계는 지배−피지배라는 계급 관계가 아니라 연대하고 협력하는 상호 수평적이며 민주적인 관계, 즉 평등한 관계다. 평등이란 자유로운 인간관계를 뜻한다. 평등은 모두 똑같이 분배받는 수량적 평등이 아니라 개인의 발전이 곧 사회 발전의 조건이 되는 상태를 뜻한다. 예를 들어 누군가가 음악을 하고 싶고 음악을 통해 사람들과 의사소통하려 할 때, 그가 음악에 몰두할 수 있는 환경을 마련하는 것이 곧 사회가 발전하는 것이다. 그러므로 공평함이란 누구나 자유와 평등을 누리는 것이고, 그 기준은 저마다 필요한 사회적 배분에 따른다.

이에 반해 부자유란 의사소통의 제한으로 인간관계가 제한되는 것이다. 자본주의는 이러한 부자유를 기초로 한다. 왜냐하면 자본주의의 사적 소유, 사유 재산제는 자신이 만들어낸 생산물에 대한 배타적인 독점을 바탕으로 하며, 배타적 독점은 의사소통의 부재를 뜻하기 때문이다. 의사소통의 부재와 제한에 따른 부자유는 곧바로 불평등으로 이어질 수 있다. 그러므로 자본주의 사회는 처음부터 부자유와 불평등, 그리고 불공평함을 기초로 한다.

2장

계급이란 무엇인가

1

계급의 역사

계급의 어원 ─ 나누고 구분하라

일반적으로 계급은 '공통적인 특성을 지니는 사람들의 집합체'를 일컫는다. 이러한 계급 개념은 플라톤 시대부터 사회 · 정치 체계를 연구하는 데 중요한 분석 도구였다. 계급은 한 사회의 구조를 설명할 수 있는 가장 중요한 단위로, 사회적 불평등 · 불일치 · 불균형 등의 문제를 연구할 수 있는 개념이다.

계급Class이라는 말은 라틴어 클라시스Classis에서 나왔다. 클라시스는 본래 무엇을 나누고 구분하며 분류한다는 의미다. 로마 시대 6대 왕인 세르비우스Servius Tullius는 세제 및 군제 개혁을 위해 로마의 모든 시민들을 가문과 나이 그리고 살고 있는 땅, 다시 말해 경제력에 따라 구분하고 분류했다. 세르비우스는 로마 시민을 제1계급에서 제5계급까지 다섯 계급으로 나누고 여기에 재산이 아무것도 없고 자식만 있는 '프롤레타리아(무산자)'를 더

프롤레타리아(무산자)

자본주의 사회에서 생산 수단을 갖지 못한 노동자를
가리키지만, 원래는 로마 제국 당시 군에 입대시킬 아
들 외에는 재산을 소유하지 못한 이들을 비하하는 의
미로 사용되었다. 이후 마르크스가 사회학적인 용어
로 도입해 "생산 수단을 가지지 못해 생존을 위해서는
노동력을 판매해야 하는 임금 노동자"로 정의했다.

해 6개 모둠으로 구분하고 이를 클라시스라 했다. 제1계급이 가
장 부유하고 2계급, 3계급 순으로 낮아졌는데, 가장 부유한 제1
계급은 군역을 많이 지는 대신 다른 계급과 프롤레타리아의 투
표권(95표)을 합친 것보다 더 많은 과반이 넘는 투표권(98표)을
행사했다. 서양에서 오늘날처럼 정치와 계급을 연관 지어 계급
이라는 말이 사용된 것은 1760년대 중반부터다.

원시 공동체 사회 — 가능성으로서의 계급

계급의 역사는 인류의 역사와 궤를 같이한다. 그러나 인류가 처
음 세상에 나왔을 때부터 계급이 있었던 것은 아니다. 인류 사회
의 첫 단계인 야만과 미개 사회를 원시 사회라고 한다. 야만 사
회는 인류가 수렵과 채집을 하며, 불을 사용하게 되고, 활과 화
살을 발명하여 수렵이 노동의 일부분이 되었던 시기를 말한다.
미개 사회는 여러 종류의 토기 제조법을 들여왔고, 가축을 사육
했으며, 관개 시설을 이용해 식용 작물을 재배했고, 철제 보습
날을 사용해 대규모 토지를 경작하기 시작한 사회를 말한다. 이
러한 원시 사회는 계급을 방지하고자 했던 사회인 동시에 계급
이 발생할 수밖에 없는 가능성을 배태한 사회이기도 했다.
　원시 공동체 생산 양식은 최초의 사회적 생산 양식, 즉 인간
사회의 원시 형태였다. 원시 공동체 생산 양식의 특징은 노동 도

노동자가 생존에 필요한 것 이상으로 생산한 생산물. 어떤 사회든 생산과 직접 관계없는 사람도 생활을 영위해야 하고 특히 경제가 확대되는 경우에는 새로운 생산 도구와 기계를 산출해야 하므로 잉여 노동이 존재하기 마련이다. 이때 생산된 재화를 잉여 생산물이라고 한다. 가령 노예제 사회에서 한 사람의 노예가 하루 평균 11시간 노동을 하고 이 중 자신의 생존에 필요한 생산물을 산출하는 데 5시간이 걸린다면 이 노예는 6시간의 잉여 노동을 한 것이다.

구가 원시적이고, 인간의 노동이 집단적 성격을 띠며, 공동체 소유의 형태를 취하고, 자연환경이 생산 방식과 형태에 결정적인 영향을 미친다는 데 있다. 생산물은 공평하게 분배되었고, 따라서 사회의 계급 분화는 아직 존재하지 않았다.

원시 사회는 계급 분화를 막은 사회다. 계급 분화에 따른 지배를 거부하려 했고(권위는 존재한다) 평등을 지향했다. 물론 개별 성향에 따라 혹은 인간 본성에 따라, 부족에게 봉사하는 대신 부족이 자신에게 봉사하기를 원하는 추장도 있었을 것이다. 그러려면 명성을 오랫동안 남길 수 있는 전쟁을 해야 했다. 결국 추장은 공동체의 지지를 받지 못하고 자신의 영광을 위한 전투에 홀로 참여할 수밖에 없는데, 이미 그러한 선택을 하는 순간 부족으로부터 버림받은 셈이다.

원시 사회의 추장은 전제 군주와는 달리 명령을 내리는 자가 아니며, 부족민들 역시 추장에게 복종해야 할 의무가 없었다. 추장은 보통 군사 능력, 말 잘하는 능력, 베푸는 능력을 갖춘 자들 중에서 선출된다. 하지만 군사 권력은 평화 시에는 사라지고, 추장의 말은 명령이 아니므로 강제력이 없다. 따라서 추장은 베푸는 능력으로 존재할 수 있다. 오죽 했으면 남비콰라Nambikwara족의 추장이 이런 말을 남겼을까. "전부 바닥났어! 더는 줄 것이 없어! 어디 내 대신 추장을 해봐라!"

원시인들은 잉여 생산물이 계급 분화를 가져올 것을 무의식적

으로 직감하고 있었다고 볼 수 있다. 그들에게 잉여 생산물을 저
장한다는 것은 도덕적 차원에서도, 경제적 차원에서도(자연의 저
장량이 고갈될 수 있다), 사회적 차원에서도(사람들 사이에 불평등이
나타날 수 있다) 비난받을 만한 일이었기 때문이다. 원시 경제는
공동체 구성원들이 필요한 만큼만 생산하는 경제다. 따라서 구
성원 모두를 충족시킬 수 있으므로 원시 사회야말로 풍요로운
사회라는 역설이 성립한다. 또 원시 사회는 생산량을 엄격히 제
한한다. 부자와 가난한 자로 나뉘어 서로 대립하고 갈등하는 것
을 피하기 위해서다.

　원시인들은 처음에 일정한 거주 지역 없이 무리를 지어 다니
면서 생활했다. 그러다가 시간이 지나면서 씨족을 이루고 생활
하게 되었다. 맹수의 위협을 피하고 자연과 부딪쳐 힘겨운 싸움
을 하는 데에는 더 많은 사람이 모여 사는 것이 유리했기 때문이
다. 그런데 씨족 공동체 생활에서 어느 한 사람이 다른 사람보다
많은 이익을 챙기려 한다면 이는 공동체를 해체하자는 것이고,
공동체의 해체는 곧바로 생존과 직결되는 문제였다.

　씨족 공동체는 할머니가 씨족의 우두머리인 모계 혈통 사회였
다. 모계 혈통의 씨족 사회에서 결혼의 형태는 초기에는 한 씨족
내에서만 혼인을 하는 족내혼이 일반적이었다. 그래서 구성원들
이 모두 친족 관계였는데, 여러 세대에 걸쳐 같은 혈통 간의 결
혼이 되풀이되면서 근친상간의 유전 결함이 발생하게 되었다.

원시 사회와 가족 제
도의 변화를 분석한
엥겔스

사회적 분업은 노동자들로 하여금 생산 경험과 기술을 획득하고 경쟁력을 높이며 지식을 쌓게 하고 노동 도구의 발전을 촉진했다. 역사를 살펴보면 세 가지 광범한 사회적 분업, 즉 목축 부족과 농경 부족의 분리, 농업과 수공업의 분리, 상업의 분리가 존재했다. 이러한 분업은 노동 생산성을 향상시키고 정규적인 교환을 증대시켰다. 그러나 한편 분업으로 인해 사적 소유가 출현하고 그 결과 지배-피지배 계급이라는 사회 계급의 분리가 나타났다.

결국 유전 결함을 없애기 위해 혼인 제도가 족내혼에서 족외혼으로 바뀌게 된다. 다른 씨족 간에 혼인하는 족외혼은 씨족과 씨족 사이의 교류를 뜻했으며, 이러한 교류는 인간 욕구의 폭을 넓혔고 이는 씨족들 사이의 물물교환으로 나타났다. 물물교환은 자급자족하던 씨족 공동체에게 생존에 필요한 것보다 더 많은 잉여 생산물을 생산하게 했다.

잉여 생산물의 생산과 더불어 인구가 증가했고, 생산 방식도 바뀌었다. 많은 인구가 수렵과 사냥을 하자니 이동하기 불편하고 안정적으로 공동체를 유지하기 어려웠기 때문에 한곳에 정착해서 경작할 수밖에 없었다. 인구 증가로 이전보다 많은 양을 생산해야 했고, 그러려면 공동체를 효율적으로 조직해야 했다. 즉 누구는 어떤 부분에서 어떤 일을 하게 하고 또 누구는 다른 부문에서 다른 일을 하도록 해 각자의 부문에서 전문가, 숙련가가 되도록 조직해야 했다. 마침내 사회적 분업이 발생하게 된 것이다.

최초의 사회적 분업은 남성이 하는 일과 여성이 하는 일을 나눈 성별 분업이었다. 초기 모계제 사회에서 씨족의 모든 살림은 여성이 전담했고, 수렵·채취와 농사 같은 생산 노동은 남성과 여성이 함께 했다. 그러다가 잉여 생산물의 생산과 물물교환, 그리고 인구의 증가로 여성은 씨족 살림만 하고 남성은 생산 노동 및 생산물의 물물교환에만 종사하게 되었다. 이런 성별 분업을 통해 남성들이 서서히 경제권을 쥐게 되어 씨족 사회는 모계 혈통의 사회에서 부계 혈통의 사회로 변화했다. 결국 남성을 지배 계급으로, 여성을 피지배 계급으로 바꾸는 계급 사회 출현의 가능성이 잉태되었다.

고대 노예제 사회 — 노예주와 노예

계급 사회로 변화할 가능성은 원시 공동체 사회의 소유 형태인 공동 소유를 무너뜨리고 공동체의 재산을 몇몇 소수의 개인 재산으로 만드는 사적 소유 형태로 바꾸어 나갔다. 이제 한 사회의 부를 몇몇 남성이 대부분 독점하게 되었다. 이러한 사적 소유는 부를 소유한 자들이 노동해야 할 의무를 없앴으며, 타인의 노동과 그 생산물을 자기 것으로 소유하려는 탐욕을 키웠다. 이 탐욕이 다른 씨족 공동체를 약탈하고 전쟁을 일으켰다. 또 다른 씨족 공동체의 소유물을 강탈하고 그 씨족 구성원들을 포로로 잡아 노예로 삼게 했다.

그 결과 노예 교역이 생겨났으며, 원시 공동체가 해체되고 새로운 사회 체제, 즉 노예제 생산 양식의 사회가 나타났다. 노예 소유제 생산 양식의 사회는 인류 역사에서 인간이 인간을 착취하는 최초의 계급 사회다. 이때부터 직접 생산 활동을 뜻하는 노동은 피지배 계급의 몫이 되었고, 자신을 위한 것이 아니기 때문에 노동을 고통스러운 것으로 여기게 되었다.

사회적 분업 및 교환의 발전은 씨족 공동체의 조직을 변화시켰다. 스스로 왕과 황제의 자리에 앉은 추장은 더 나아가 사회 공동 소유물을 자신의 사적인 소유물로 보호하고 노예들의 봉기를 진압하기 위해 권력을 사용했다. 그리고 이를 위해 군대, 권력 기관, 법정과 감옥을 만들었다. 지배 계급이 피지배 계급을 억압하기 위해 만든 이러한 기구들이 바로 국가의 기원이다.

노예 소유주는 노예가 생산해낸 모든 생산물을 소유한다. 노예는 노예 소유주가 소유한 소유물의 일부분이자 생산 수단의 한 요소로서 살아 있는 노동 도구였다. 노예 소유주는 노예가 만든 생산물로 온갖 향락과 사치를 누렸지만, 노예는 극심한 육체노동에 시달리며 곤궁하고 비참한 생활을 해야 했다. 노예는 자신이 생산한 생산물을 아무것도 소유할 수 없었다.

이집트에서 출토된 흑인 노예 청동상. 기원전 1~2세기에 제작된 것으로 추정된다

노예제 사회의 생산 양식과 노예 소유주와 노예의 생산관계, 즉 계급 관계는 노예제 사회의 생산력을 점점 더 떨어뜨렸다. 노예 소유주와 노예가 점점 더 적대 관계가 되면서 노예는 열심히 일할 필요가 없어졌고, 따라서 노예의 노동 생산성은 낮아질 수밖에 없었다. 노예들의 노동 생산성을 높이려면 노예들이 열심히 일하도록 동기를 부여해야 했다. 결국 노예제 사회는 쇠퇴할 수밖에 없었고, 이후 봉건제 사회가 등장하게 된다.

계약 노예 토지 점유자

지주에게 땅을 빌려 경작하던 이들로, 로마 제국 말기
에는 토지에 매인 소작인의 의미로 쓰였다. 노예와 달
리 신분상 자유민으로 가족과 재산을 소유했다. 그러
나 농지를 떠날 수 없었고 다른 신분과의 결혼은 금지
되었다. 반대로 지주가 콜로누스를 추방하는 것도 금
지되었다. 중세 농노의 선구적인 형태로 간주된다.

농노

중세 봉건 사회에서 봉건 영주에게 예속된 농민. 인신
이 노예주에게 예속된 노예보다 자유로웠지만, 근대
의 독립 자영농에 비하면 자립성이 낮고 부자유한 존
재였다. 영주에게 토지를 대여받아 자립적으로 경영할
수 있었으나 그 대가로 영주에게 노역과 현물 및 화폐
를 세금으로 바쳐야 했고, 신분상의 지배를 받았다.

봉건제 사회 — 봉건 영주와 농노

노동 생산성의 저하는 노예제 사회에서 노예 소유주와 노예의
생산관계, 즉 계급 관계의 변화를 가져왔다. 예를 들어 유럽의
노예 소유주들은 자신의 노예로 하여금 계약 노예 토지 점유자
(콜로누스colonus)로서 자신들의 토지를 경작하게 했다. 콜로누스
들은 노동 생산성을 높일 만한 동기가 있었으며, 자신의 생계를
위해 노동 도구를 개량할 가능성도 있었다.

이제 노예 소유주들은 봉건 영주(귀족)가 되었고, 콜로누스는
농노serf가 되었으며, 인류의 착취에 기초한 두 번째 생산 양식의
사회인 봉건제 사회가 나타났다. 봉건제는 인류의 역사에서 아
주 오랫동안 계속되었다.

봉건제 사회에서 농민은 대부분 농노가 되었는데, 농노는 토
지를 점유할 수는 있어도 소유할 수는 없었다. 토지 소유의 권리
는 모두 봉건 영주에게 있었고, 봉건 영주들 사이에 위계 질서가
형성되었다. '봉건주의'라는 이름은 당시의 특정한 토지 소유 형
태에서 유래했다. 봉건 영주는 자기에게 충성을 바치는 조건으
로 가신들에게 봉토feud를 나누어주었는데, 이 농토는 세습할 수
있었다. 이 같은 토지 소유에 기초한 사회 체제를 '봉건주의'라
불렀다.

지배 계급인 봉건 영주와 피지배 계급인 농노의 관계는 인격

적 예속 관계였다. 봉건 영주는 모든 토지를 소유했는데, 그중 일부만 자신을 위해 사용하고 나머지는 농노들이 사용하도록 했다. 농노들은 봉건 영주의 토지에 예속된 채 봉건 영주를 위해 일해야 했다. 물론 토지를 경작하는 생산 수단은 자기 소유였고, 지대로 일정한 생산물을 봉건 영주에게 바치고 나면 나머지 생산물은 자기 것이었다. 이것으로 얼마간 자유를 누릴 수도 있었다. 이는 생산력 증대에 도움이 되었다.

그러나 봉건 영주는 농노를 착취하는 경우가 많았고, 이러한 구조는 농노들이 농촌을 떠나 도시로 도망가는 원인을 제공했다. 봉건 영주의 억압에 못 이겨 도시로 탈출한 농노들은 도시에서 수공업 노동자가 되었다. 도시의 상인과 장인, 그리고 탈출한 수공업 노동자들은 봉건 영주에 대항해 절대 군주와 손을 잡고 그들만의 의회, 군대, 행정 자치권을 확보했다. 이는 곧 봉건제 경제의 붕괴를 의미했다. 한편 농촌에 남은 농노들도 봉건제와 봉건 영주에 맞서 투쟁했다. 14세기 영국에서는 타일러Wat Tyler의 반란이, 프랑스에서는 자크리에Jacquerie의 반란이 일어났다. 15세기에는 보헤미아에서 후스Jan Hus 지도 아래 농민 전쟁이 일어났다. 16세기에는 독일에서 뮌처Thomas Müntzer를 중심으로 농민 혁명이 일어났다. 17세기 중반에 러시아에서는 라친Stenka Razin이 주도한 대규모 농민 반란

농노 신분에서 해방한다는 내용을 담은 18세기의 문서
©Mediatus

자본주의가 진행되면서 16세기 독일 사회는 유산 계급과 무산 계급으로 나뉘었는데, 농민은 후자에 속했다. 과다한 소작료와 세금 등 유산 계급(부르주아와 영주)의 착취에 시달리던 농민들은 마르틴 루터가 주도한 종교 개혁이 로마 가톨릭 교회의 권위주의에 대항하는 모습을 보고 불공평한 사회가 개혁될 수 있다고 보았다. 농민들의 사회 개혁 의지는 1524년 종교 개혁가 토마스 뮌처가 이끈 농민 혁명으로 실현되었다. 뮌처가 처형되고 혁명은 진압되었지만, 정치·사회 개혁을 추구한 그들의 실천은 마르크스주의의 재평가를 받았다.

이 일어났다.

농노들의 봉기와 농민 반란은 봉건제를 무너뜨리는 결정적 구실을 했다. 자급자족에 기초한 농업 중심의 봉건제 경제는 자신의 생존을 위해서가 아니라 다른 사람을 위해 도시에서 상품을 생산하고, 그 상품을 판매해 화폐를 얻은 다음 다시 자신의 생존에 필요한 다른 상품을 사는 자본주의 상품 경제로 바뀌어갔다.

자본주의 사회 — 자본가와 노동자

(가) 자본은 어떻게 만들어지는가

자본주의 상품 경제의 가장 큰 특징은 자본에 있다. 자본은 돈이라는 점에서 화폐와 똑같아 보이지만 화폐와 자본은 완전히 다른 개념이다. 화폐는 단순한 유통 수단일 뿐 은행 이자, 고리 대금, 부동산 투기 이익, 주식 배당, 재테크 등이 어떻게 이루어지는지 설명하지 못한다. 이를 설명해줄 수 있는 개념이 바로 자본이다.

자본은 스스로 가치를 증식하는 가치, 즉 잉여 가치를 낳는다. 그러나 화폐는 스스로 가치를 증식하지 못한다. 예를 들어 은행에 10,000원을 예금해 100원의 이자가 생겼다고 하자. 100원의 이자는 어떻게 생겼을까? 10,000원이 은행 안에서

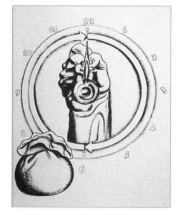

휴고 겔럿, 〈잉여 가치의 생산〉(1934)

와트 타일러의 반란(위)과 자크리에의 반란(아래)을 묘사한 그림

농노들의 봉기와 농민 반란은 봉건제를 무너뜨리는 결정적 구실을 했다. 자급자족에 기초한 농업 중심의 봉건제 경제는 자신의 생존을 위해서가 아니라 다른 사람을 위해 도시에서 상품을 생산하고, 그 상품을 판매해 화폐를 얻은 다음 다시 자신의 생존에 필요한 다른 상품을 사는 자본주의 상품 경제로 바뀌어갔다.

5,000원과 결혼하여 100원짜리 아이를 낳은 것일까? 유통 수단인 화폐는 스스로 가치를 증대시키지 못한다. 스스로 가치를 증대시키는 특성을 가진 자본은 인간의 노동력이라는 '특수한 상품'이 유통 과정에서 출현해 상품을 생산 과정에 투입했을 때 생겨난다.

예컨대 어떤 노동자가 하루 8시간 일해서 10원짜리 벽돌 20개를 만들면 하루 임금 100원을 받는 조건으로 자본가와 계약을 맺었다고 가정해보자.

시간 →

0	1	2	3	4	5	6	7	8
필요 노동시간(4시간)				잉여 노동시간(4시간)				

임금으로 받는 노동시간이 4시간이므로 4시간을 '필요 노동시간'이라고 하고 임금으로 받지 못하는 4시간을 '잉여 노동시간'이라고 할 때, 이 4시간을 정치경제학 용어로 '착취'라고 한다. 잉여 노동시간을 '잉여 가치'라고 하고, 이 잉여 가치가 바로 자본이다. 즉 자본가는 노동자에게 주는 임금 100원을 투자해 10원짜리 벽돌 20개에 해당하는 200원을 만들어낸다. 100원 ＝200원이 되는 셈이다(잉여 가치의 100원은 주식 배당, 은행 이자, 고리 대금, 주식 투자, 부동산 투기 이익, 지대 등의 형태로 배분된다).

자본은 이 과정을 반복하면서 몸집을 불리려 한다. 노동자가 일하는 시간을 더 늘려서 잉여 가치를 더 많이 늘리려고 한다. 8시간 일하는 것이 아니라 10시간 일하게 한다. 4시간은 필요 노동시간으로 6시간은 잉여 노동시간으로 하여 최대 잉여 가치를 뽑아내려는 것이다. 이것을 '절대적 잉여 가치의 생산'이라고 한다.

그러나 하루는 24시간이기에 무한정 일하는 시간을 늘릴 수는 없다. 무한정 노동시간을 연장하려는 의도는 노동자들의 저항과 투쟁을 불러일으켰고, 일하는 시간은 법률에 근거해 하루 10시간, 8시간으로 줄이도록 했다.

그러면 어떻게 잉여 가치를 늘릴 수 있을까? 필요 노동시간을 줄여 노동 강도를 높이면 된다. 예를 들어 8시간 동안 20개가 아니라 30개의 벽돌을 만들어내게 하거나, 세 사람이 하던 일을 두 사람이 하도록 하거나, 사람이 하던 일을 기계로 대체하는 것이다. 이는 오늘날의 구조 조정과 똑같다. 이것을 '상대적 잉여 가치의 생산'이라고 한다. 잉여 가치의 생산은 과학기술의 눈부신 발전을 이룩했다. 과학기술의 발전은 필요 노동시간을 최대한 줄이고 잉여 노동시간을 최대로 늘리는 노력과 궤를 같이 한다.

자본 형성의 기반은 자본의 자기 증식을 위해 절대적 잉여 치와 상대적 잉여 가치를 끊임없이 늘려온 데 있다.

8시간 노동을 알리는 배너. 멜버른(1856)

(나) 자본주의 경제 위기와 공황은 왜 일어날까

지금까지 자본이 어떻게 형성되는지 살펴보았다. 자본의 형성, 즉 자기 증식은 곧바로 자기모순에 빠지게 된다. 자본주의 구조 자체가 IMF 위기 같은 경제 위기와 공황을 불러일으키는 모순 구조인 것이다. 다음에서는 이런 자본주의 구조의 모순에 대해 알아보자.

앞에서 우리는 자본 형성의 계기가 생산 과정에 있음을 살펴 보았다. 그러나 생산 과정에서 만들어진 노동 생산물이 다시 시 장이라는 유통 영역에서 상품으로 팔리지 않는 한, 자본은 현실 적으로 형성될 수 없다. 노동력이라는 특수한 상품이 생산 과정 에서 소비되어 노동 생산물을 생산하는 것이 자본 형성의 필요 조건이라면, 이 노동 생산물이 시장에서 상품으로 팔리는 것은 충분조건이다. 상품이 시장에서 팔려야 자본은 제구실을 한다. 그런데 상품은 생산 과정, 즉 공장에서 만들어진 가격(단순 가 격)으로 시장에서 팔리지 않는다. 시장에서 팔리는 가격은 '생산 가격'이다. 36쪽 아래의 표를 보면서 이야기해보자.

표에서 자본가 I, II, III 모두 상품 하나를 만드는 데 총 100원 (C+V)을 투자하고, 잉여 가치율($S'=V/S$)이 100%라고 가정한 다. 이때 상품은 단순 가격으로 팔리는 것이 아니라 자본가들의 경쟁에 따라 단순 가격의 평균인 120원에 팔린다. 그러면 자본 가 I, II, III 중 단순 가격에 10원의 이득이 붙는 자본가 I이 가장

자본의 유기적 구성도(C/V)

자본의 유기적 구성은 불변 자본과 가변 자본의 현실
적 변화를 고려하지 않는 불변 자본 및 가변 자본의 가
치 구성을 뜻한다. 자본의 유기적 구성은 대규모 기계
생산 및 자동화 생산의 기술적 진보, 그리고 산업과 농
업노동자, 임금노동자에 대한 착취 강화(즉 이 노동자
들 임금의 상대적 감소) 등을 통해 점차 증가한다.

이득이 많다. 그 다음은 자본가 II, 그 다음은 자본가 III 순이다.
자본가 II는 단순 가격과 생산 가격이 같고, 자본가 III은 단순 가
격에서 10원을 손해 본다. 가격 경쟁에서 자본가 I이 우위를 점
하며 더 많은 이윤을 창출한다.

자본가 I이 더 많은 이윤을 창출하는 요인은 자본가 II, III보다
자본의 유기적 구성도(C/V)가 높다는 데 있다. 자본의 유기적
구성도가 높다는 것은 가변 자본이 적다는 것, 즉 노동자의 임금
이 차지하는 부분이 적고 불변 자본이 많다는 것이다. 다시 말해
사람이 일하던 것을 기계로 대체하는 것이며, 그 기계의 효율을
최대한 높여서 노동 강도를 엄청나게 강하게 하는 것이다(오늘날
의 '구조 조정'과 다름없다).

	C (기계)	V (노동력)	S (잉여 노동)	C+V+S (단순 가격)	P (이윤)	C+V+P (생산 가격)	P-S
자본가 I	90	10	10	110	20	120	+10
자본가 II	80	20	20	120	20	120	0
자본가 III	70	30	30	130	20	120	−10

**〈같은 부문의 자본 경쟁을 바탕으로 한 시장의 가격 경쟁과 그로 인해 발생하는 자본주의의 모
순을 암시하는 표〉**
C(불변 자본Constant capital) : 기계, 공장 부지, 원료 등 새로운 가치를 만들어낼 수 없는 자본
V(가변 자본Variable capital) : 노동자의 노동력. 새로운 가치를 만들어낼 수 있는 자본
S(잉여 노동 또는 잉여 가치Surplus) : 가변 자본이 창출한 가치
C+V+S : 단순 가격. 상품 하나를 만드는 데 들어간 비용으로 시장에 나오기 전 상품의 가치
P(이윤Profit) : 시장에서 상품이 팔렸을 때 실제 남는 이윤
C+V+P : 생산 가격. 단순 가격이 시장에서 가격 경쟁을 통해 현실화된 가격

가변 자본이 줄어든다는 것은 곧 가변 자본으로 생겨난 잉여
가치(S)가 줄어든다는 것을 의미한다. 잉여 가치가 줄어든다는
것은 이윤율(S/C+V)이 줄어든다는 뜻이며, 이 이윤율은 경제성
장률 지수의 척도다. 위 표에서 보다시피 자본 III의 이윤율은
30/100인데 자본 I의 이윤율은 10/100이다. 서구 선진국의 경제
성장률 1~2퍼센트는 이와 무관하지 않다.

이윤율의 저하 경향은 자본의 이윤 증대를 꾀한 결과이며, 이
때 가변 자본인 노동력은 떨어진다. 노동력의 감소는 다시 이윤
율 저하로 이어져 자본의 이윤 증대를 꾀하게 되며, 다시 노동력
이 감소되는 순환을 계속하게 된다. 이 과정은 이윤율 저하 →

1929년 대공황 당시
뉴욕 아메리칸유니온
은행의 모습. 은행 파
산을 우려해 예금을
찾으려는 사람들이 몰
려와 있다

자본주의 생산 시스템이 원활하지 않으면 IMF 위기 같은 경제 공황이 일어난다. 이때 자본가는 경제 공황에 대해 모순적인 이중 해법을 제시한다. 즉 노동자의 임금은 낮추면서 노동자가 이전보다 훨씬 더 많은 소비를 하기 원하는 것이다.

자본의 이윤 증대를 꾀한 결과 → 노동력 감소 → 이윤율 저하 → 자본의 이윤 증대를 꾀한 결과 → 노동력 감소 → 이윤율 저하로 나타낼 수 있다. 노동력의 감소는 노동자의 임금이 줄어들고, 비정규직과 실직자가 늘어나는 것이다. 이러한 순환 과정이 되풀이되면서 일하는 사람들의 삶은 황폐해진다.

한편 가변 자본인 노동력의 감소는 과소 소비를 불러온다. 과소 소비란 생산한 양보다 소비하는 양이 턱없이 부족하다는 뜻이다. 생산한 상품은 많아지는데, 그 상품을 소비할 노동자의 전체 임금량은 상대적으로 줄어들기 때문이다. 그러면 이미 생산된 상품은 창고에 쌓이고 자본 회수가 원활하지 못해 생산이 어렵게 된다.

자본주의 생산 시스템이 원활하지 않으면 IMF 위기 같은 경제 공황이 일어난다. 이때 자본가는 경제 공황에 대해 모순적인 이중 해법을 제시한다. 즉 노동자의 임금은 낮추면서 노동자가 이전보다 훨씬 더 많은 소비를 하기 원하는 것이다. 가령 우리나라의 외환 위기 때 신용 카드 회사들은 신용 카드를 남발하는 정책을 폈다. 대량 실업으로 경제 능력이 없는 사람들에게 신용 카드를 발급해 그들의 구매력을 높이고 소비를 조장해 시장 경제를 살리려 한 것이다. 그러나 이 해법은 400~500만 명에 가까운 생계형 신용 불량자를 양산해냈다. 자본주의 구조의 자기모순을 드러내고 일하는 사람의 삶의 질을 황폐하게 만든 모순적 해법이었다. 이런 예들은 빈부의 양극화가 심화되면서 자본가 계급과 노동자 계급이 점점 더 적대 관계로 변해갈 수밖에 없음을 보여준다.

2

오늘날의 계급론

지금까지 계급의 어원과 역사를 살펴보았다. 이를 통해 계급 자체는 오랜 역사 속에서 다양한 형태로 존재해왔으나 계급이 현실에 뿌리내린 것은 계급 역사만큼 오래되지 않았음을 알았다. 시대별 계급의 양상과 구성원에 대한 분류와 정의는 16세기에 들어와서야 시작되었다.

계급 개념은 17세기 말에는 매뉴팩처 생산을 통한 과학의 발전으로 자연과학 개념으로 사용되었고, 18세기 중반부터 중농학파는 단순한 사회적 분류의 의미로 사용했다. 오늘날과 같은 의미의 계급 개념이 생겨난 것은 프랑스 대혁명 이후 계급 대립과 계급 투쟁의 발생 이유를 설명하기 위해서였다. 이로써 신분 개념과 계급 개념의 혼란이 막을 내렸다. 티에리Thierry, 기조Guizot, 미네Mignet 등 자유주의 시각에서 계급 대립을 바라보던 왕정복고 사가들조차 계급 투쟁을 통해 역사를 설명했다. 오늘날의 계급론은 크게 두 가지 계급론, 즉 마르크스주의 계급론과 베버의 계매뉴팩처란 16세기 중엽부터 산업 혁명 때까지 산업 자본가가 임금 노동자에게 생산 수단을 제공하고 그들의 수공 기술을 이용해 생산을 하게 했던 제도이다. 매뉴팩처 생산은 노동 과정의 일부분만 담당하는 부분 노동자와 발달된 생산 도구를 사용하는 분업에 기초한 협업協業이라는 생산 양식을 취함으로써 단순 협

업에 비해 노동 생산성을 크게 향상시켜 더 많은 잉여 가치의 생산을 가능하게 했다. 노동자의 합리적 배치, 작업의 전문화에 의한 숙련도 향상, 작업 전환에 따르는 노동 시간 손실 방지, 부분 노동자에게 적합한 도구의 단순화 · 개량화 · 다양화 등이 이를 가능하게 했다.

급론에서 출발한다.

두 개의 계급, 마르크스주의 계급론

앞에서 살펴본 계급의 역사를 바탕으로 계급이 시대마다 생산 양식에 따라 어떻게 형성되었는지를 보면 다음과 같다. 계급이 발생하던 초기에는 자급자족하던 원시 공산제 사회를 넘어서 공동체 간의 물물교환을 위한 생산물, 즉 잉여 생산물을 생산한 사회 구성원과 그 잉여 생산물을 소유하고 사용권을 행사하는 사회 구성원으로 나뉜다.

그런데 마르크스주의에서 잉여 생산물을 소유하고 사용권을 행사하느냐 못 하느냐는 생산 수단(노동 도구와 노동 대상)의 소유와 통제 여부에 달려 있다. 즉 계급은 정신적 공유를 매개로 해서 뭉친 집단이 아니라 실제 생산 수단을 소유하느냐 못 하느냐에 따라 자연스럽게 형성된 집단이다. 그리고 이 계급은 역사적으로 억압하는 계급과 억압받는 계급으로 나뉘며 서로 적대 관계에 놓여 있다. 이러한 적대 관계에서 벌여온 계급 투쟁이 역사의 발전을 이끌어온 원동력이라고 할 수 있다.

마르크스

㈎ 자본가 계급

자본주의 사회에서 계급 구성은 크게 두 계급으로 분류된다. 하

나는 자본가 계급(부르주아 계급)이고, 다른 하나는 노동자 계급(프롤레타리아 계급)이다. 먼저 자본가 계급을 살펴보자.

자본가 계급은 자본주의 초기에 산업 자본가가 중심이 되어 상업 자본가와 금융 자본가가 결합된 형태로 나타났다. 산업 자본가란 자본의 기초가 되는 잉여 가치를 실제로 만들어내는 노동자를 생산 과정에서 통제하고 경영함으로써 자신의 이익을 창출하고 소유하는 자본가를 뜻한다. 이 산업 자본가들은 시장에서 서로 경쟁할 수밖에 없다. 경쟁에서 이긴 자본가가 진 자본가의 자본을 흡수·통합하므로 자본은 승리한 소수의 자본가에게 집중된다. 결국 산업 자본가의 수는 점점 줄어들게 된다.

산업 자본가의 감소는 산업 자본가 외의 다른 자본가들이 산업 자본가로 변신하는 것을 방해하는 주요 요인이 되었다. 자본

파리의 부르주아들은 레스트랑에서 사교 관계를 맺고 친목을 도모했다

그러므로 소유와 경영의 분리는 자본을 생산하는 과정을 노동자 계급이 직접 통제하고 경영하도록 하는 결과를 가져왔다. 즉 잉여 가치가 포함된 상품을 생산하고, 이 상품을 시장에서 판매해 잉여 가치를 자본으로 현실화하는 과정을 노동자가 직접 통제하게 되었다.

가들이 시장의 과도한 경쟁으로 말미암은 파산 위험을 감수하려 하지 않았기 때문이다. 이는 자본가들이 잉여 가치를 생산하는 생산 과정, 즉 자본을 생산하는 과정을 직접 통제하고 경영하지 않으려 한다는 말과 같다. 자본가들은 이제 잉여 가치의 생산 과정 밖에서 자본만 투자하고 이자를 포함한 여러 이윤을 가져갔다. 소유와 경영의 분리가 시작된 것이다.

소유와 경영의 분리는 자본가들이 자본을 생산하는 과정을 통제하고 경영하는 업무를 높은 임금을 주고 전문 경영인(오늘날의 CEO를 말한다)에게 맡기는 것을 뜻한다. 이때 전문 경영인은 노동자들을 직접 통제하고 산업 자본가의 역할을 한다는 점에서 노동자들과 다르다. 그러나 자본가 계급에게 임금을 받고 자신의 노동력을 판다는 본질에서는 '근로자'로 불리는 다른 노동자들과 마찬가지로 임금 노동자다. 그러므로 소유와 경영의 분리는 자본을 생산하는 과정을 노동자 계급이 직접 통제하고 경영하도록 하는 결과를 가져왔다. 즉 잉여 가치가 포함된 상품을 생산하고, 이 상품을 시장에서 판매해 잉여 가치를 자본으로 현실화하는 과정을 노동자가 직접 통제하게 되었다.

(나) 노동자 계급

노동자 계급은 자본주의 사회에서 자본가 계급과 대립하는 양대 계급 중 하나다. 노동자 계급은 생산 수단을 소유하지 못하고 생산 수단으로부터 분리되어 있기 때문에 시장에서 자신의 노동력을 팔고 그 대가로 받은 임금으로 살아가는 노동자 전체를 일컫는다.

노동자 계급은 무엇보다도 자본(잉여 가치)을 직접 생산하는 실질적인 주체라는 특징이 있다. 그러나 자본주의 사회에서 노동자 계급은 자신이 생산한 자본의 주인이 아니라 자본을 위해 봉사하는 노예 같은 지위를 갖는다. 노동자가 잉여 가치를 직접 생산하지만 그것을 자본가들이 대신 소유하기 때문이다. 이처럼 노동자 계급이 자본 생산의 주인이 되지 못하고 노예의 지위에 머무르게 되는 것을 '소외' 현상이라고 한다.

이러한 소외 현상은 자본의 생산, 유통 과정에 이미 내재되어 있다. 즉 공장에서 만들어진 상품이 각 자본들 사이의 무한 적대 경쟁 속에 팔려야 하는 과정을 거치면서 노동자들은 소외될 수밖에 없다. 이 경쟁에서 살아남으려면 가격 경쟁력을 유지해야 하는데, 가격 경쟁력은 상품 생산 증대를 통해 상품의 가치가 하락됨으로써 확보된다. 상품 생산의 증대는 곧 노동자의 엄청난 노동 강도와 노동량을 뜻한다. 노동자는 이러한 상황을 감수해야 하는데, 그렇지 않으면 더는 일할 수 없게 되고 생존을 유지할 수 없기 때문이다.

결국 노동자 계급은 자본가 계급에게 종속당하게 된다. 즉 노동자 계급 자신의 삶의 목적은 부차적인 것으로 전락하고 만다.

뭉크, 〈귀가하는 노동자들〉(1915)

자본주의 사회에서 노동자 계급은 자신이 생산한 자본의 주인이 아니라 자본을 위해 봉사하는 노예 같은 지위를 갖는다. 노동자가 잉여 가치를 직접 생산하지만 그것을 자본가들이 대신 소유하기 때문이다. 이처럼 노동자 계급이 자본 생산의 주인이 되지 못하고 노예의 지위에 머무르게 되는 것을 '소외' 현상이라고 한다.

독일의 사회학자이자 경제학자로 역사학파와 마르크스주의를 모두 비판했다. 마르크스주의를 유물사관에 의해 주관적으로 구성된 하나의 이념형으로 보아 이를 상대화했고, 여러 경제적 요인으로 역사적 인과 관계를 설명하는 유물사관과 달리 종교나 정치 영역의 행위 동기와 관련해 역사적 현상을 설명하려고 했다.

대표 저작인《프로테스탄티즘의 윤리와 자본주의의 정신》에서는 프로테스탄티즘 특히 금욕과 근로에 힘쓰는 칼뱅주의의 교리와 관련해 근대 유럽의 자본주의 발생을 설명했다.

돈을 많이 벌고 자본의 이익을 위해 많이 생산해내는 일이 최고의 목적과 가치가 되어버린다.

여러 가지 계급, 베버의 계급(계층)론

베버
베버Max Weber(1864~1920)가 등장하기 전까지 계급에 관한 논의는 대체로 마르크스를 중심으로 활발히 이루어졌다. 마르크스가 계급에 관해 직접 말한 것은 《자본론Das Capital》마지막 권, 그것도 유고에 해당하는 2쪽이 채 안 되는 분량이지만, 이전에도 그는 수많은 저작에서 계급의 중요성을 얘기했다.

마르크스는 계급이라는 말을 제한적인 의미로 사용하는데, 생산 수단의 소유 여부, 즉 생산관계에 기초해 정의한다. 생산 수단과 자본을 소유하는 자본가 계급과 그렇지 못한 프롤레타리아 계급, 이것이 마르크스 계급론의 핵심이다.

하지만 마르크스의 계급론은 사회가 분화됨에 따라 심각한 문제에 부딪히게 된다. 사회 현상을 분석하는 데 마르크스의 말처럼 모든 것을 생산 수단의 소유 여부에 따라서만 해석하는 것은 무리이기 때문이다. 예를 들어 천주교가 조선에 처음 소개되었을 때, 양반과 상민은 한 건물 안에서 허물없이 미사를 올리고 모진 박해도 함께 받는 등 긴밀한 연대감을 형성했다. 그렇다면 이때 단순히 논이나 밭 같은 생산 수단의 소유 여부에 따라 양반

같은 노동자이면서 파업을 하는 노동자를 비난하고 자본가의 입장을 대변하는 노동자는 어떻게 설명할까? 이는 세계관이나 이데올로기에 따라 계층이 분화되고 있음을 보여준다. 생산 수단의 소유뿐 아니라, 경제 외의 요소들을 통해서도 서로 다른 계층을 형성할 수 있다는 뜻이다.

과 상민이라는 두 계급으로 '분리'하는 것이 합당할까? 같은 노동자이면서 파업을 하는 노동자를 비난하고 자본가의 입장을 대변하는 노동자는 어떻게 설명할까? 이는 세계관이나 이데올로기에 따라 계층이 분화되고 있음을 보여준다. 생산 수단의 소유뿐 아니라, 경제 외의 요소들을 통해서도 서로 다른 계층을 형성할 수 있다는 뜻이다.

베버가 등장했을 때에도 마르크스 계급론에 대해 다음과 같은 문제점이 지적되었다. 마르크스는 생산 과정에만 관심을 가질 뿐 사회·문화·인종 차이에 기초한 불평등 체제를 설명하지 못한다는 것이다. 이는 오늘날 거의 모든 국가가 자본주의 경제 체제에서 살고 있지만, 그렇다고 모두가 똑같은 모습으로 살아가지는 않는다는 것에서 알 수 있다. 생산 수단의 소유 여부 외에도 다른 차이가 있다는 것이다.

마르크스의 계급론은 간단명료하고 명쾌하게 사회 현상을 분석하고 있지만, 사회를 지나치게 단순화했다고 비판받아왔다. 이를 보완하고 비판할 새로운 분석이 요구되었는데, 베버는 이러한 분석을 잘 수행했다.

베버는 마르크스의 저작들에서 상당한 영향을 받았으며, 그의 계급(계층) 이론은 마르크스의 계급 이론에 대한 대답이자 대안이었다. 베버는 저서 《경제와 사회Economy and Society》에서 계급class, 지위status, 정당party이라는 세 가지 개념을 통해 계급을 설명

베버는 서로 다른 계급의 불평등을 경제적 불평등, 사회적 불평등, 정치적 불평등으로 나누고 불평등의 원인을 경제적 계급, 사회적 지위, 정치적 영향력(정당)에서 찾았다.

한다. 생산 수단의 소유 여부에만 집착했던 지난 시대의 시각에서 벗어나 지위, 정당 같은 새로운 개념으로 계급 생성을 보여주고 있는 것이다. 경제적 계급 외에 지위, 정당의 새로운 개념은 어떻게 계급 사회를 설명할까?

베버는 서로 다른 계급의 불평등을 경제적 불평등, 사회적 불평등, 정치적 불평등으로 나누고 불평등의 원인을 경제적 계급, 사회적 지위, 정치적 영향력(정당)에서 찾았다.

첫째, 경제적인 불평등에 따라 계급이 형성된다. 재산이 비슷한 사람들은 하는 일이나 생활 조건, 만족도 등에서 유사하다.

서울 특정 지역의 부유층 사이에서는 직업이 공무원이나 군인이라고 하면 검사나 판사 또는 장군 같은 고위직을 떠올린다고 한다. 하지만 서민들은 똑같은 이야기를 듣고 9급 공무원이나 중사, 상사 같은 부사관 또는 중위, 대위 정도의 위관급 장교를 떠올릴 것이다. 이처럼 비슷한 수준의 재산 또는 그러한 재산을 모을 만한 능력을 가진 사람들은(베버는 능력도 잠재적인 재산으로 간주한다) 자신들만의 계급을 형성한다. 이들이 사회에서 하나의 계급이 되는데, 여기까지는 마르크스와 별다른 차이가 없어 보인다.

둘째, 사회적 지위에 따라서도 계급이 발생한다. 여기서 지위란 다른 사람들과의 대화, 행동을 통해 타인으로부터 얻는 명예라고 보면 된다.

흔히 개그맨처럼 유머 감각이 뛰어나고 영화배우처럼 잘생긴 사람이 친구들 사이에서 인기가 좋다. 가난하고 힘없는 이웃에게 많이 베풀고 사랑을 주는 사람도 다른 사람들에게 인정받을 것이다. 이것이 바로 지위이자 명예이다. 사회적 지위가 비슷한 사람들은 비슷한 생활 수준을 누리고 비슷한 생활 방식으로 살아가며 하나의 계급을 형성한다. 거칠고 매일 싸움만 하는 친구가 얌전하고 착한 전교 1등과 친해지는 것은 힘들뿐더러 학년이 끝날 즈음에는 서로 다른 또래 집단을 이루는 것이 일반적이다. 이처럼 경제적 차이에 따른 계급 말고도 다른 사람들로부터 받는 존경, 명예와 위신도 다른 지위의 집단을 형성할 수 있다.

셋째, 정치 목적을 가진 정당도 계급을 구성한다. 정당은 공통의 배경, 목적, 이해관계를 공유하고 함께 행동하기 위해 생겨난 이익 집단이다.

'노동당'이라는 이름을 건 정당이 노동자를 등한시하는 것은 불가능하다. '녹색당'처럼 환경의 가치를 중시하는 정당은 환경을 보호하는 법안을 상정하기 위해 힘쓸 것이다. 정당뿐 아니라 동문회, 향우회, 시민 단체처럼 공통의 이해관계를 표명하는 '집단'이라면 모두 비슷할 것이다. 이러한 정당, 파벌 등이 만나 권력을 얻고 정치적인 영향력을 넓혀가면서 계급을 구성하게 된다.

마르크스는 계급뿐 아니라 지위나 정당의 문제도 생산 구조와 연결해서 생각했다. 물론 부르주아 계급은 프롤레타리아 계급보다 사회적인 위신이 높을 것이고, 이익 집단을 형성하기도 손쉬울 것이다. 하지만 예외는 있기 마련이다. 예를 들어 '졸부'를 상류층으로 볼 것인가 하류층으로 볼 것인가? 마르크스의 이론을 글자 그대로 적용하면, '졸부'는 경제적으로 부유하기 때문에 분명히 상류층이다. 하지만 이들은 사회적, 정치적으로는 하류층이 분명하다.

"가난하다고 해서 외로움을 모르겠는가.
가난하다고 해서 두려움이 없겠는가.
가난하다고 해서 그리움을 버렸겠는가.
가난하다고 해서 사랑을 모르겠는가."

이 시는 신경림 시인의 〈가난한 사랑 노래〉에서 각 연의 첫 행을 따온 것이다. 어쩌면 매우 당연한 이야기지만 가난한 사람도 사랑을 할 권리가 있다. 프롤레타리아 계급이라고 해서 생각과 취향, 생활 방식을 모두 경제적인 계급 수준에 맞추어야 하는 것은 아니다. 경제적으로 가난하지만 사회적으로 존경받는 지위를 가질 수도 있다.

따라서 베버는 아무리 경제적 계급이 높아도 지위나 권력이 낮을 수 있다고 보았다. 이를 '지위 불일치'라고 한다. 마찬가지로 지위가 높아도 권력이나 계급이 낮거나, 권력이 높아도 지위나 계급이 낮을 수 있다.

베버는 마르크스와 달리 경제 조건 말고도 지위나 정당 같은 다양한 조건들 또한 계급에 영향을 줄 수 있고 반드시 경제와 연결해서 생각할 필요는 없다고 보았다. 베버의 시도는 모든 것을 경제로 환원하는 마르크스의 추상적인 계급 모델과 대비되는, 즉 계급, 지위, 정당을 통한 신계급론을 제시했다는 점에서 높이 평가받는다(바로 이 점 때문에 마르크스의 계급론과 비교해 베버의 계급론을 '계급론'이라 하지 않고 '계층론'이라고 부르기도 한다).

하지만 베버는 가난 때문에 다른 모든 가치를 포기해야 하는, 계급 구조 이면에 감추어진 슬픈 현실을 지나치게 낙관적으로 바라보는 듯싶다. 베버가 반드시 경제와 연결해서 볼 필요가 없다고 한 그 점이 자본주의의 가장 주요한 모순인 경제적 빈부 격차의 문제를 제대로 파악하지 못하도록 만든다. 생존 문제가 해결되지 않고는 어떤 인간다운 가치도 공허할 뿐이라는 사실을 베버는 애써 외면하는 것이 아닐까.

이윤율의 경향적 저하

자본주의적 생산이 발달하면서 평균(일반) 이윤율이 하락하는 경향은 자본주의의 객관적 경제 법칙이다. 이것은 다양한 대립 요인들이 평균 이윤율에 동시에 영향을 준다는 사실로 설명된다. 한편으로는 자본의 유기적 구성도가 높아지고 자본 회전 속도, 곧 자본이 생산-유통-분배-소비의 과정을 거쳐 다시 생산에 투자되는 시간이 떨어져 평균 이윤율이 낮아진다. 다른 한편에서는 어떤 요인이 평균 이윤율이 떨어지는 것을 늦추거나 막는다.

이윤율 하락을 상쇄하는 요인에는 노동자에 대한 착취 증가(잉여 가치율을 높이는 것), 임금의 노동력 가치 이하로의 하락(생산성 증가), 불변 자본 요소의 가격 하락(자본의 유기적 구성이 높아지는 것을 막는다), 외국 무역의 발전(불변 자본 요소와 가변 자본이 투하된 생존 수단의 가격을 모두 떨어뜨릴 수 있다) 등이 있다.

이윤율이 떨어지는 것을 막는 중요한 요인은 주식회사 설립과 독점 자본의 지배인데, 후자는 독점 가격으로 높은 수준의 이윤을 유지한다. 결과적으로 이윤율은 자본의 유기적 구성을 높이는 것과 비례해 떨어지지 않으며 어떤 때는 전혀 변화가 없다. 이윤율 하락은 어떤 조건에서만 그리고 장기간에 걸쳐 나타나는 경향 가운데 하나다.

그러나 이윤율의 경향적 저하 법칙의 작용은 자본주의의 모순을 한층 심화한다. 이윤율 하락을 이윤 크기의 증가로 보상하기 위해 자본가들은 프롤레타리아 계급에 대한 착취를 일삼고 프롤레타리아를 포함한 대중의 소비 능력을 초과해 생산하려 한다. 과잉 생산은 경제 공황을 낳고 프롤레타리아 계급과 부르주아 계급 사이의 적대적 모순을 심화한다. 총이윤 양 분배에 대한 자본가 계급 간의 내부 경쟁도 격화된다. 또한 자본가들은 이윤율을 높이려고 경제 후진 국가에 투자한다. 이들 국가는 기계화 수준이 낮고 자본의 유기적 구성도 낮아 선진 자본주의 국가에 투자했을 때보다 더 높은 이윤율을 얻을 수 있다. 이때 얻는 이윤으로 선진국의 평균(일반) 이윤율을 높인다.

이 모든 과정은 경제적으로 착취당하는 저개발국과 발전된 자본주의 국가 간의 모순을 첨예화한다. 이윤율의 경향적 저하 법칙은 자본주의 생산 양식의 고유한 모순을 반영한 것이다.

3장

그들은 계급을 어떻게 말했나

1

신분과 계급

계급이란 무엇일까? 누구는 돈의 많고 적음에 따라 계급을 나눌 것이고, 누구는 권력 정도에 따라 계급을 정의할 것이다. 그렇다면 계급이란 어떤 지위를 공유하는 사람들의 집단을 가리키는 것일까?

오늘날과 같은 의미의 계급은 근대에 생겨난 개념이다. 물론 서양의 중세 시대에는 영주와 농노가 있었고, 우리나라도 조선 시대에 양반과 상민이 있었다. 이때는 왜 계급이라고 말하지 않았을까? 당시의 구분은 엄밀히 말해 계급이 아니라 신분을 의미하기 때문이다. 헤겔G. W. Hegel(1770~1831)이 《철학 강요》에서 말했듯이, 신분 사회에서 "개개인은 생득적인 재능이나 기능, 혹은 자의나 우연에 따라서 신분에 배속"되었다. '피와 혈통'을 근거로 사람들을 나누었던 것이다.

근대 사회는 신분에서 벗어나는 것과 동시에 시작되었다. 예 컨대 시장과 돈은 신분에 상관없이 물건을 교환할 수 있는 계기

를 마련해주었다. 천한 일을 하는 사람이라도 돈만 있으면 귀족
이 쓰는 물건을 살 수 있었다. 태어날 때부터 규정되는 신분에
따라 모든 것에 차등을 두었던 이전 시대와 달리, 적어도 시장에
서만큼은 귀족과 평민이 동등한 '인간'으로 교환에 참여할 수 있
게 된 것이다. 이러한 변화는 프랑스 혁명을 통해 완성되었다.

（중세의） 정치적 신분들에서 사회적 신분들로의 본격적 전화는 절
대 군주제 아래에서 일어났다. 프랑스 혁명이 이러한 전화를 완성시
켰다. 바꿔 말하면 프랑스 혁명은 시민 사회의 신분 구별들을 단지
사회적 구별들로, 즉 정치 생활에서는 중요하지 않는 사적 생활의 구
별들로 만들어버렸다. 정치 생활과 시민 사회의 분리가 이것에 의해
완성되었다.*

근대 사회 이전의 사람들은 신분 조건에 따라 정치적 역할이
할당되어 있었다. 그래서 자신의 신분을 떠나 다른 역할은 수행
할 수 없었다. 이를 '정치적 신분'이라 한다. 반면 '사회적 신분'
은 스미스Adam smith(1723~1790)가 말한 것처럼 '보이지 않는 손'이
결정한다. 보이지 않는 손의 혜택은 경제적 부의 많고 적음으로
나타나는데, 이것이 사회적 신분을 결정하는 것이다. 이제 경제

애덤 스미스

* 카를 마르크스, 〈헤겔 국법론 비판〉, 《헤겔 법철학 비판》, 홍영두 옮김(아침, 1989), 117~118
쪽.

적 사고방식이 사람들의 행동을 결정짓는 가장 큰 요인이 되었
고, 이러한 법칙에 따라 움직이는 집단을 이전의 '신분'과는 다른
'계급'이라고 부른다. 인간의 삶과 활동 역시 경제적·자본주의
적 논리를 따르게 되었다.

프롤레타리아, 고통 받는 다수

우리가 계급이라고 말할 때는 보통 부르주아 계급(부르주아지)과 프롤레타리아 계급(프롤레타리아트)을 일컫는다. 부르주아와 프롤레타리아는 오래전부터 존재했지만 마르크스가 새롭게 규정함으로써 널리 알려진 말이다. 그렇다면 오늘날의 계급, 특히 우리 사회 대부분을 구성하고 이끌어가는 프롤레타리아 계급은 어떻게 나타났을까?

생산 수단으로부터의 해방

사람은 하루아침에 쉽사리 변하지 않는다. 평생을 시골에서 농사지으며 살아오신 할아버지를 서울 아파트에 모셔놓는다면, 할아버지는 병을 얻을 것이다. 변화가 일어나면 누구에게나 적응 기간이 필요한 법이다. 중세 봉건제에서 살았던 사람들을 프롤레타리아, 즉 근대 형태의 임금 노동자로 탈바꿈시키는 데에도 적응 기간이 필요했다. 그런데 당시의 적응 기간은 자발적이고 평화로운 것과는 거리가 먼 피비린내로 얼룩진 기간이었다. 중세 봉건 공동체 소유이긴 했지만 생산 수단과 생존 수단이 있던 사람들을 그 모든 수단을 박탈해 죽음과도 같은 궁핍과 고통으로 몰아간 역사였고, 프롤레타리아를 길들이기 위해 모든 폭력을 동원한 역사였다. 사람들로 하여금 일하게 하려면 먹고 살아가는 생산 수단을 빼앗으면 된다. 다음은 그 과정에 대한 이야기다.

프롤레타리아는 15~16세기에 일어난 '인클로저enclosure' 운동, 곧 토지에 울타리를 치고 농민들을 그 밖으로 쫓아낸 사건을 계기로 탄생하게 된다. 당시 플랑드르에서는 양모 산업이 번창해 양모 가격이 급등했다. 이에 대지주와 귀족들은 별 볼일 없는 경작지를 '돈이 되는' 양을 키우는 목장으로 바꾸었다.

인클로저 운동은 빈민에 대한 부자의 '혁명'이라고 부르는 것이 타당할 것이다. 지주와 귀족들은 때로는 폭력을 수단으로, 때로는 강압과 협박으로 사회 질서를 뒤엎고 고래의 법과 관습을 파괴했다. 그들은 문자 그대로 빈민으로부터 공유지 사용권을 박탈하고, 아직 망각했던 관습에 의해 빈민들이 자기네 것으로 알았던 가옥들을 허물어버렸다. 사회의 골격은 무너져버렸다. 황량한 마을과 거주지의 폐허는 그 혁명의 격렬성을 말해주었다. 그것은 국토를 위협하고, 도시를 피폐하게 만들고, 인구를 급격히 감소시키고, 지력이 고갈된 토지를 먼지더미로 만들어버리고, 사람들을 괴롭혀 예절 바른 농부를 거지와 도적의 폭도로 만들어버렸다.*

인클로저 운동은 17세기까지 이어졌고, 18세기에 다시 한 번 대규모로 일어난다. 18세기 인클로저 운동에는 영주나 귀족뿐 아니라 상인들도 많이 참여했다. 무엇보다 이 운동은 국민 수탈을 합법화했다는 점에서 문제의 심각성이 컸다. '공유지 인클로저 법'은 지주가 국민의 토지를 사유지로 자기 자신에게 증여하는 법령이었는데, 이러한 법률이 국민의 공유지를 약탈하는 도구로 이용된 것이다. 농민의 땅을 빼앗아 지주들에게 주는 무자비한 인클로저 법은 계속 늘어났다. 이에 모어Thomas More는 "양들이 사람을 잡아먹는다!"며 경악했다.

앤 여왕의 치세 12년 동안에는 3개의 법밖에 없었지만, 그 후 1720년까지는 해마다 하나 꼴로 새로 만들어졌고, 1720~50년 사이에는 약 100개 이상의 새로운 법이 만들어졌으며, 1750~60년에는 156개, 1760~70년에는 424개, 1770~80년 사이에는 642개가 새로 만들어졌다. 다음 10년간에는 284개로 새로 만들어진 법의 숫자가 내려가지만, 그 다음에는 506개로 증가하고, 1800~10년에는 960개의

---

* 칼 폴라니, 《거대한 변환》, 박현수 옮김(민음사, 1997), 53쪽.

법이 의회를 통과한다.*

인종 청소라는 말을 떠올리게 하는 이 같은 일이 선진국이라
자부하던 18세기 영국에서 벌어졌다. 19세기에 서덜랜드에서는
15,000여 명이 자신이 살던 토지에서 쫓겨났다.

그들의 모든 촌락은 파괴되고 소각되었으며 모든 경지는 목장으로
전환되었다. 영국 병사들이 이것을 집행하기 위해 파견되었으며 주
민들과 싸움까지 벌이게 되었다. 자기의 오두막집에서 떠나기를 거
부한 노파는 불길 속에서 타 죽었다.**

이러한 일은 아프리카 식민지의 흑인들에게서도 일어났다. 백
인 식민주의자들이 흑인들에게 '일'을 시키기 위해 '빵나무'를
베어버리거나 공유지를 매입 또는 몰수했기 때문이다. 흑인들
역시 몸이라도 팔지 않으면 살 수 없는 처지가 되었다.

무자비한 폭력 아래에서 수행된 교회 재산의 약탈, 국유지의 사기
적 양도, 공유지의 횡령, 봉건적 및 씨족적 소유의 약탈과 그것의 근

---

* 뽈 망뚜, 《산업혁명사(상)》(창비, 1987), 164쪽.
** 카를 마르크스, 《자본론 Ⅰ》, 김수행 옮김(비봉출판사, 2005), 1003쪽. 이하의 《자본론 I》 인
용은 같은 책.

대적 사적 소유로의 전환. 이것들은 모두 시초 축적의 목가적 방법이었다. 이것들은 자본주의적 농업을 위한 무대를 마련했으며, 토지를 자본에 결합시켰으며, 도시의 산업을 위해 그것에 필요한 무일푼의 자유로운 프롤레타리아를 공급하게 되었다.《자본론 I》, 1007~1008쪽)

일하고 일하고 또 일하라

㈎ 자본주의 이전에는 어떻게 일했을까

근대 사회 이후 사람들은 죽어라고 일해야만 겨우 입에 풀칠할 수 있는 삶을 살아간다. '일하지 않는 자는 먹지도 말라'는 것이 현대 사회를 지배하는 신조다. 그러나 근대 사회 이전에는 지금처럼 죽자 살자 일하지 않았다.

먼저 원시 사회의 예로 남아메리카의 농경민인 투피과라니족을 보자. 이들은 어찌나 게을렀던지 프랑스인도 포르투갈인도 짜증을 낼 정도였다고 한다. 어느 토지는 4~6년 동안 경작된 뒤에 폐기되었는데, 지력이 고갈되었거나 개간한 토지에 제거하기 어려운 기생 식물이 많이 자랐기 때문이었을 것이다. 우기가 끝날 무렵 1~2개월 동안 남성들은 경작에 필요한 면적을 돌도끼와 불을 이용해 개간하는 작업을 맡았다. 농사의 나머지 부분인 파종, 제초, 추수는 노동의 성별 분업에 따라 대부분 여자들이 담당했다. 그러니 인구의 절반을 차지하는 남자들은 4년에 한 번

피터르 브뤼헐, 〈농부
들의 춤〉

두 달만 일했다는 이야기가 된다. 나머지 시간은 사냥과 어로,
놀이와 음주 그리고 그들이 열정적으로 좋아하는 전쟁을 하는
데 썼으니 얼마나 즐거웠을까.

그렇다고 해서 그들이 척박한 환경 때문에 일을 하지 못한 것
은 아니다. 돌도끼를 사용하던 남아메리카 인디언들에게 서구인
들이 열 배나 효율이 좋은 철 도끼를 주었을 때, '합리적'으로 사
고하는 현대인의 방식대로라면 예전과 똑같은 시간 동안 일을
더 많이 해서 돈을 더 많이 벌어야겠다고 생각할 것이다. 그러나
원주민들은 동일한 시간 동안 일해서 열 배를 생산하는 것이 아
니라 열 배 적게 일해서 동일한 물량을 생산한다. 물론 나머지
시간은 인생을 즐기며 보냈으리라. 이들은 하루에 세 시간 정도
일하고 대부분의 시간을 낮잠, 논쟁, 마약, 식사, 목욕, 성생활 등

하루에 4시간도 일하지 않는 원시 사회와 평균 8시간을 일해야 하는 현대 자본주의 사회. 만약 두 사회의 행복 지수를 비교해본다면 어떤 결과가 나올까? 과연 어떤 사회가 더 '발전'된 사회일까?

에 쓰면서 지루할 겨를 없이 삶을 즐길 줄 알았던 사람들이다.

이처럼 원주민들은 일을 하지 못한 것이 아니라 하지 않았다. 오늘날 대부분의 나라에서 법정 근로 시간은 하루 평균 8시간 정도이고, 19세기 영국의 노동자들은 12~16시간 일해야 했다. 하루에 4시간도 일하지 않는 원시 사회와 평균 8시간을 일해야 하는 현대 자본주의 사회. 만약 두 사회의 행복 지수를 비교해본다면 어떤 결과가 나올까? 과연 어떤 사회가 더 '발전'된 사회일까? 필요한 만큼만 노동하고 나머지 시간 동안 여가를 즐기는 문화는 서양의 중세 시대에도 이어졌다.

중세 시대의 사람들은 일 년 중 반 정도만 일을 했다. 공휴일은 141일이나 되었다. (일을 해야만 하는) 평일의 기하급수적인 확대는 노동자들이 새로 도입된 기계와 경쟁해야만 했던 산업혁명 초기의 특징이다. 우리 시대가 달성한 진보의 정도는 일반적으로 과대평가된 것이다. 왜냐하면 우리는 매우 '어두운 시대'에 비추어 그 정도를 평가했기 때문이다. 예를 들면, 오늘날 고도로 문명화된 나라의 기대 수명은 기껏해야 고대의 어떤 나라의 기대 수명과 비슷할 뿐이다. 물론 우리는 그것을 확실히 알 수는 없지만 유명한 사람들의 전기에 나타난 사망 연도를 생각해보면 이러한 의심을 할 수 있는 것이다.*

---

* 한나 아렌트, 《인간의 조건》, 이진우 옮김 (한길사, 2002), 189쪽.

이런 상황에서는 돈을 더 줄 테니 일을 더 하라고 해도 소용 없는 일일 것이다. 차라리 일을 덜하고 돈을 덜 받는 쪽을 택할 것이 분명하기 때문이다. 사람들은 힘든 노동보다는 언제나 노는 데 더 관심이 많았다. 노동시간은 불규칙했고, 밤새 노는 축제를 즐겼으며, 일요일을 쉬면서도 '성 월요일'을 만들어 또 쉬었다. 심지어 '성 화요일'까지 제정해 쉬는 일이 일상화되었다고 한다.

누구나 상사의 압력을 받으며 야근에 시달리기보다는 마음 맞는 친구들과 산책을 하고 좋아하는 책도 읽으며 여유롭게 하루를 보내고 싶어 할 것이다. 노동을 뜻하는 단어치고 어원이 좋은 경우가 없다. 프랑스어 'travail'은 고문 도구를 뜻하는 라틴어 'tripalium'에서 나왔고, 독일어 'arbeit' 역시 고통, 수고 등을 의미한다. 이런 노동의 의미 때문에 고대 그리스의 정치가 크세노폰은 노동에 오래 종사한 사람을 공직에 써서는 안 된다고 했고, 성경에서조차 신은 아담에게 노동을 형벌로 부과했다.

(나) 일하지 않는 자를 처벌하라

16세기 프랑스에서는 가난한 사람들과 일하기 싫어하는 건강한 노동자들이 구걸과 소매치기, 도둑질로 생계를 이었다. 온 나라에 거지, 소매치기, 도둑이 들끓을 정도였다. 일을 하느니 차라리 도둑이나 거지가 되기를 택한 것이다. 그런데 시간이 흐르면 최초로 빈민 구제에 대한 국가(지방 정부)의 책임을 명시한 영국의 엘리자베스 빈민법은 종전의 산발적인 법령들을 집대성하고 복지 국가를 위해 국가가 개입한 전조로 평가받는다. 이처럼 정부가 빈민 문제에 대응하게 된 것은 농민을 농촌에서 내몬 인클로저 운동과 흉작, 귀금속의 대량 유입으로 인한 극심한 인플레로 부랑자가 증가한 때문이다. 그러나 빈민들을 분류해 처우하는 이 법은 노동력의 조직적 활용, 생산력 향상과 관리의 편의를 도모했다. 따라서 빈곤 아동들은 노예에 가까운 비참한 대우를 받았으며, 구빈 감독관의 부패, 지방 정부의 재정 능력 및 실천 의지의 부족으로 이 법은 제대로 실현되지 못했다.

서 가난뱅이, 게으름뱅이, 거지, 광인, 범죄자와 같이 노동을 하지 않는 실업자를 겨냥한 잔혹한 피의 입법, 즉 '빈민법The Poor Law'이 제정되고 시행된다.

헨리 8세, 1530년 : 늙고 노동 능력 없는 거지는 거지 면허를 받는다. 그와는 반대로 건장한 부랑자는 태형과 감금을 당한다. 그들은 달구지 뒤에 결박되어 몸에서 피가 흐르도록 매를 맞고 그 다음에 그들의 출생지 또는 그들이 최근 3년간 거주한 곳으로 돌아가 '노동에 종사하겠다'는 맹세를 한다. 헨리 8세 제27년의 법령은 이 법령을 반복했는데, 부랑 죄로 두 번 체포되면 다시 태형에 처하고 귀를 절반 자르며, 세 번 체포되면 그는 중죄인으로 또 공동체의 적으로서 사형에 처한다.

엘리자베스 여왕, 1572년 : 14세 이상의 면허 없는 거지들은 혹독한 매를 맞고 또 왼편 귀에 낙인이 찍힌다. 재범인 경우, 그들이 18세 이상이고 또 2년간 그들을 사용하려는 사람이 없을 때에는 사형에 처하지만, 세 번째인 경우에는 용서 없이 반역자로 사형에 처한다.(《자본론 I》, 1009~1012쪽)

1532년 파리고등법원은 거지들을 체포하여 두 사람씩 쇠사슬로 묶어 하수구에서 일을 시키도록 결정했다. 앙리 4세가 파리를 공략하기 시도하던 시기에, 인구 10만도 안 되는 이 도시에는 3만 이상의

피터르 브뤼헐, 〈자루에 담는 사람〉. 16세기 네덜란드의 대표적 화가 브뤼헐은 초기 자본주의의 싹이 나타나던 당대를 배경으로 농민들의 삶을 반영한 풍자적 작품을 많이 그렸다

프롤레타리아 계급을 만드는 또 다른 축은 사람들을 빈곤한 상황으로 몰아넣는 것이다. 빈곤은 노동의 전제 조건이라고 할 수 있다. 종교 지도자 칼뱅은 대중이 고통스러울 때에만 비로소 신을 찾는다고 한탄했다. 18세기를 거쳐 19세기에 이르면 이러한 생각은 한층 발전해 '빈곤'의 수준을 넘어 '기아飢餓'를 요구하는 시대가 된다.

거지가 있었다. 17세기 초 경제가 회복되기 시작하면서 사회에서 일자리를 얻지 못한 실업자들을 강제로 감소시키려는 결정이 내려진다. 1607년의 고등법원 판결에 의하면 파리의 거지들은 공공장소에서 채찍질을 당하고 어깨에 낙인이 찍히며 머리털을 바짝 깎인 다음에 도시 밖으로 내쫓기게 되어 있었다.*

일제 강점기에 우리나라에서는 자본가가 공장에서 일할 사람을 구하려고 비싼 돈을 들여 모집인을 따로 뽑았다. 하지만 모집된 노동자들이 2~3일도 못 견디고 도망치는 일이 잦자 감옥과도 같은 폐쇄된 건물과 기숙사를 만들었다. 도망치는 사람들은 가혹하게 처벌했다. 잔인한 형벌은 '기억'을 위해 동원된다. 일하지 않는다는 이유로 곤장을 맞아본 사람이라면, 일하고 싶지 않다는 생각이 들 때마다 곤장의 매서운 아픔이 떠오를 것이다. 따라서 일하기 싫어도 직장에 나갈 테고, 일을 하겠다는 약속을 지키게 된다. 이렇게 강제된 덕목들은 점차 자연스러운 본능이 되고, 결국 습속으로 굳어진다.

(다) 굶주리게 하라

프롤레타리아 계급을 만드는 또 다른 축은 사람들을 빈곤한 상

---

* 미셸 푸코, 《광기의 역사》, 이규현 옮김(나남출판, 2003), 143쪽.

칼뱅

프랑스의 종교 개혁가. 제네바에서 종교 개혁에 성공
해 신정 정치적 체제를 수립했다. 프로테스탄트의 교
설을 체계화하고, 예정설에 따른 금욕의 윤리와 같은
엄한 규율을 만들었다. 저서로 복음주의의 고전이 된
《그리스도교 강요》,《로마서 주해》 등이 있다.

황으로 몰아넣는 것이다. 어쩌면 빈곤은 노동의 전제 조건이라
고 할 수 있다. 종교 지도자 칼뱅Jean Calvin(1509~1564)은 대중이 고
통스러울 때에만 비로소 신을 찾는다고 한탄했다. 18세기를 거
쳐 19세기에 이르면 이러한 생각은 한층 발전해 '빈곤'의 수준
을 넘어 '기아飢餓'를 요구하는 시대가 된다. 예컨대 타운센드
Townsend는 〈구빈법에 관한 논문〉이라는 글에서 기아를 바탕으로
구빈법을 제정해야 한다고 주장했다.

무인도에 사슴만 있는 것보다 사슴을 잡아먹는 개나 늑대가
있을 때 사슴들이 훨씬 더 건강하게 자란다. 약한 것들이 도태되
기 때문이다. 죽고 도망치면서 사슴들이 건강해지듯이, 빈민들
역시 그들을 쫓는 동물이 있어야 도덕적으로나 경제적으로 훨씬
더 건강해진다. 기아가 바로 그 동물이다. 기아는 가장 광폭한
동물도 길들일 수 있으며 가장 사악한 동물에게도 고상함과 예
의, 복종과 종속을 가르칠 것이다. 일반적으로 빈민을 자극해 노
동하도록 몰아갈 수 있는 것은 기아밖에 없다.

멀쩡하게 잘 살아가던 사람들에게서 땅을 빼앗아 그들을 내쫓
고, 일을 하지 않는 사람들에게 피비린내 나는 형벌을 내리고,
심지어 기아로 내몰고……. 프롤레타리아 계급이 탄생하는 과정
은 이처럼 피눈물로 점철된 기나긴 고통의 연속이었다. "자본은
머리에서 발끝까지 모든 털구멍에서 피와 오물을 흘리며 이 세
상에 나온다"고 한 마르크스의 말처럼 프롤레타리아 계급은 고

통과 탄압과 배고픔 속에서 탄생했다.

  이와 같이 처음에는 폭력적으로 토지를 수탈당하고 추방되어 부랑
자로 된 농촌 주민들은 그 다음에는 무시무시한 법령들에 의해 채찍
과 낙인과 고문을 받으면서 임금 노동의 제도에 필요한 규율을 얻게
된 것이다.(《자본론 I》, 1013쪽)

휴식은 수치스러운 것?

기나긴 과정을 거쳐 힘들게 자본주의적 노동자 계급이 된 프롤
레타리아에게 남은 것이라곤 더 큰 고통뿐이었다. 물론 임금 수
치 상승 같은 양적 지표는 산업혁명 당시와 비교할 수 없을 만큼
크게 나아졌다. 하지만 산업화 이후 몸과 정신에 내면화한 노동
강박증은 삶을 옥죄고 자아를 상실하게 만든다. 아울러 그 강박
증은 우리 마음속에 깊이 뿌리내려, 끊임없이 저항했던 과거의
프롤레타리아와 달리 저항도 투쟁도 하지 않게 만든다.

  어리석은 전제 군주는 노예들을 쇠사슬로 구속할지 모르지만, 참
된 정치가는 그것보다는 훨씬 더 강하게 관념의 사슬로 노예들을 구
속한다. 정치가가 사슬의 한쪽 끝을 붙잡아 두는 것은 이성이라는 고
정된 측면이다. 또한 그 사슬은 우리가 그 구조를 모르면서 스스로

만들어낸 것이라고 믿고 그러면 그럴수록 더욱더 단단히 조여드는 것이다. 절망감과 시간의 경과에 따라 쇠와 강철로 된 사슬은 부식되고 말지만, 습관적으로 굳어진 관념의 결합은 더욱더 강하게 조여드는 사슬과 같다. 가장 튼튼한 제국의 흔들리지 않는 기반은 인간의 부드러운 두뇌 신경조직 위에 세워진 것이다.*

영국에서 '인더스트리industry'는 원래 근면을 뜻하는 단어였다. "Poverty is a stranger to industry", 곧 부지런하면 가난하지 않다는 속담이 이를 나타내준다. 이제 인더스트리는 사람을 근면하게 일하도록 강제하는 오늘날의 '공업'을 가리키는 말이 되었다. 자본주의 사회에서 근면함과 노동은 직접 연결되는 의미가 된 것이다.

우리는 어려서부터 "노동하는 사람만이 인간이다", "일하지 않는 자는 먹지도 말라"는 말을 귀에 못이 박히도록 듣고 자랐다. 노동하지 않는 자는 '인간'이 아닌 자들이다. 인간으로 남고 싶으면 일을 해야만 한다는 강박 관념이 우리 내면에 잠재해 있다. 실업자로 살고 싶지 않다면 무슨 짓을 해서라도 취직을 해야만 한다. 이제 노동이란 인간으로서 반드시 해야 하는 일이며 그런 가치를 내면화하지 않은 사람들은 사회에서 배제된다.

---

* 미셸 푸코, 《감시와 처벌》, 오생근 옮김(나남출판, 2003), 166~167쪽.

"아무것도 안 하느니 차라리 무슨 일이라도 한다는 원칙이 모든 교양과 고상한 취미를 파괴하고 있다. 눈에 띄는 조급한 노동에 모든 형식들이 몰락하고 있다."

— 니체

상대적 과잉 인구 또는 산업 예비군을 언제나 축적의 규모 및 활력에 알맞도록 유지한다는 법칙은 헤파이스토스의 쐐기가 프로메테우스를 바위에 결박시킨 것보다도 더 단단하게 노동자를 자본에 결박시킨다.(《자본론 I》, 881쪽)

대공장은 노동자와 자본을 결집시켰다

숨 가쁘게 서두르는 그들의 노동은 늙은 유럽에도 이미 감염되어 이곳을 야만적으로 만들고 있으며, 기이한 정신 결여증을 퍼뜨리기 시작했다. 이제 사람들은 휴식을 부끄러워하며, 오랜 사색에 대해서는 거의 양심의 가책을 느끼기까지 한다. 언제나 무언가를 '놓치는 것'은 아닌가 하고 불안해하는 사람처럼 살고 있는 것이다. '아무것도 안 하느니 차라리 무슨 일이라도 한다'는 원칙이 모든 교양과 고상한 취미를 파괴하고 있다. 눈에 띄는 조급한 노동에 모든 형식들이 몰락하고 있다. 기쁨을 찾는 일은 이미 '피로 회복의 필요'라는 이름으로 불리고 있으며, 스스로에 대해 수치심을 느끼기 시작했다.*

여기서 신체는 자유로운 상태지만 영혼은 얽매여 있다.

---

* 프리드리히 니체, 《즐거운 학문·메시나에서의 전원시·유고(1881년 봄~1882년 여름)》, 안성찬·홍사현 옮김(책세상, 2005), 297~299쪽.

너는 내가 생각하는 대로 생각하지 않으면 죽을 것이라고 말하는 것이 아니라 당신은 자유롭게 나와는 다른 생각을 가질 수 있고 생명과 재산 및 당신 소유의 모든 것을 누릴 수 있다. 그러나 지금부터 당신은 우리 국민 가운데에서 이단자가 될 것이다.*

대기업 사원이나 공무원같이 좋은 대접을 받는 좋은 직장에 취직하려는 것은 프로메테우스를 묶은 밧줄보다 더 단단한 자본주의적 노동의 밧줄에 몸을 묶는 것이나 다름없다. 지금 이 순간에도 이른 새벽부터 밤늦게까지 외국어 공부든 컴퓨터 강좌든 노동 가치를 높이는 일이라면 무엇이든 가리지 않고 애쓰는 것이 우리 현실이다. 자신이 정말 원해서 배우고 자기 계발을 하는 것인지, 아니면 자본이 원해서 하는 것인지 고민조차 하지 않고 자신의 선택인 양 생각해버린다.

이러한 경쟁은 더더욱 심해져 서로 발전하는 선의의 경쟁이 아닌, 상대가 죽어야만 내가 살아남는 적대 경쟁만이 살 길이라고 생각한다. 내 옆에 앉아 공부하는 사람, 일하는 사람은 자신이 살아남기 위해서 좋든 싫든 싸워 이겨야 할 상대일 뿐이다. 사람들은 자신과 비슷한 사람들이 옆에 있다는 사실에서 평온 대신 불안을 느끼고, 그들에게 따뜻한 애정 대신 차디찬 적대감

---

* 알렉시스 토크빌, 《미국의 민주주의 I》, 박지동 · 임효선 옮김(한길사, 2003), 342쪽.

을 품는다.

힘든 시련을 겪고 노동자라는 지위를 얻은 프롤레타리아 계급에게 더 큰 시련이 기다린다는 것은 더욱더 슬프고 비참한 일이다. '나 하나 바뀐다고 사회가 바뀔까' 라는 생각으로 자신을 정당화한다면 더 좋은 사회는 오지 않을 것이다. 고통 받고 힘겨울수록 더 좋은 사회를 만들어나가기 위해 개인이 먼저 바뀌어야 한다. 중요한 것은 내 삶이고, 내 삶을 바꾸는 순간 세상도 바뀔 것이다. 물론 지금과는 다른 삶을 살아야 한다는 점에서 두렵고 고통스러울 수 있다. 하지만 새로운 삶을 창조하는 기쁨과 희열은 그 고통을 덮고도 남을 것이다.

인클로저

인클로저는 근세 초기 유럽, 특히 영국에서 일어난 토지 경영의 현대화 현상으로, 미개간지나 공동 방목장 같은 공유지를 사유지로 만들어 토지의 집중적인 개인 소유를 가능하게 했다. 15~16세기와 18~19세기에 가장 활발하게 전개되었고 사회 문제가 된 것은 15세기 말 이후였다. 일반적으로 첫 번째 시기를 제1차 인클로저, 두 번째 시기를 제2차 인클로저라고 한다. 제1차 인클로저 때는 당시 농촌에서 널리 전개되던 모직 공업을 위한 양모 생산이 곡물 재배보다 유리해지면서 기존 경작지를 목장으로 전환해 공유지와 농민 보유지를 둘러싸는 일이 주를 이루었다. 이로 말미암아 공유지에서 가축을 기르거나 땔감과 나락을 주워 생활하던 농민들은 하루아침에 생계 수단을 잃고 빈민으로 전락했다. 즉 농민의 실업과 이농 현상, 농가의 황폐, 빈곤의 증대 같은 문제가 불거졌고, 이는 인클로저에 대한 저항을 불러일으켰다. 정부에서도 인클로저를 저지하기 위해 금지령을 내렸지만 거의 실효를 거두지 못했다.

그 후 농촌의 모직물 공업 발전에 따라 양 치는 목장을 만들기 위한 인클로저는 18세기까지 계속되었다. 17세기 중엽 이후에는 경작 능률을 증진하기 위해 개방 경지와 공유지에 울타리를 치는 일과 경작지에 작물을 심는 면적을 늘리려고 미개간지에 울타리를 치는 일이 대규모로 전개되었다. 특히 18세기 중엽 이후 산업혁명으로 농산물 수요가 급증하자 울타리 치기는 더욱 확산되었다. 더욱이 제1차 때와 달리 정부가 인클로저의 확산을 권장했고 의회를 통해 합법적으로 시행되기도 했다. 의회를 통한 울타리 치기는 '의회 울타리 치기'로 불렸는데, 1760년대부터 급격히 증가해 1840년대까지 이어지다가 1845년 이후 쇠퇴했다. 울타리 치기 운동이 급증하던 때는 이른바 농업혁명의 시기와 일치하며 농업혁명의 한 과정을 구성했다.

인클로저로 몰락한 중·소농들은 농업 노동자가 되거나 농촌을 떠나 공업 노동자가 되기도 했다. 영국에서는 지주·농업 경영자·농업 노동자의 세 계급으로 지칭되는 삼분할 제도가 18세기 후반에 등장해 19세기 중엽에 확립되었다.

4장

계급을 둘러싼 논쟁

1

노동자 계급은
새로운 사회를 건설할 수 있을까

계급과 관련한 논쟁은 계급 자체에 관한 것보다는 역사 발전에
서 계급이 차지하는 역할, 특히 노동자 계급이 주체로서 역사 발
전에서 차지하는 위상과 관련된 논쟁이 대부분이다. 마르크스주
의 계급론을 빼놓고 계급 관련 논쟁을 이야기할 수 없으며, 역사
발전에서의 노동자 계급의 주체성을 빼놓고는 마르크스주의 계
급론은 아무런 의미가 없다. 마르크스주의 계급론은 노동자 계
급이 자본주의 사회를 변혁할 수 있는가 없는가의 문제로 집약
된다. 그리고 이는 사회를 변혁하려는 노동자 계급과 이 계급의
계급 의식, 즉 자기 자신을 자본주의를 대체할 새로운 사회 건설
의 역사적 주체로 보는 자기의식이 어떻게 형성되는가의 문제로
연결된다. 이 문제에 대한 해답의 실마리를 찾고 이를 현실화하
지 못하면 노동자 계급은 새로운 사회를 열어나갈 보편적 계급
또는 존재가 아니라 특수한 개별 집단에 지나지 않으며, 집단 이
기주의에 물든 계층의 하나가 될 수밖에 없다. 이것이 현실과 이

자본주의 사회를 대체할 새로운 사회 건설의 물질적 조건을 노동자 계급 스스로 만들어나가는 것을 뜻한다. 여기서 물질적 조건이란 노동자 계급이 자신을 변혁을 실천할 수 있는 존재로 만들 수 있는 조건이다. 즉 자본의 적대적 경쟁 논리를 수동적으로 받아들여 타인과 끊임없이 경쟁하는 인간이 아니라 단결과 협력, 연대와 우애의 관계를 내면화하는 인간을 만드는 조건을 말한다. 스스로 이런 조건을 갖출 때 노동자 계급은 비로소 역사 발전의 주체가 될 수 있다.

론의 괴리에서 나타나는 마르크스주의 계급론의 이론적 어려움이다.

마르크스주의에 따르면 생산 수단을 가지느냐 못 가지느냐에 따라 부가 사회적으로 배분되고, 그 배분된 몫에 따라 자본가 계급(부르주아 계급)과 노동자 계급(프롤레타리아 계급)으로 나뉜다. 경제적 부가 자본가 계급에 집중될 때 부익부 빈익빈 현상이 생기는데 이때 노동자 계급은 불만을 품게 되고 그 불만에 따라서 '노동자'라는 동일한 이해관계를 가진 동질적인 집단이 된다. 그리하여 자본가 계급에 대한 노동자 계급의 투쟁이 시작되고, 그 투쟁을 바탕으로 혁명을 일으켜 새로운 사회를 건설할 수 있다는 것이 마르크스주의의 기본 생각이다.

그러나 자본주의가 심화되는 과정에서도 혁명은 성공하지 못했고, 노동자 계급이 새로운 사회를 건설할 수 있다는 희망은 점점 희미해지고 있다. 이러한 상황은 노동자 계급이 동일한 이해관계를 가지는 단일한 집단이 아니며 겉으로 보기에 경제적 불만이 크지 않음을 뜻한다. 바꿔 말하면 빈익빈 부익부 현상이 심하지 않다는 것이며, 따라서 마르크스주의의 양대 계급론 자체에 한계 또는 문제가 있다고 볼 수 있다.

마르크스주의의 양대 계급론의 한계와 문제점을 비판하면서 이를 넘어서려는 세 가지 흐름이 있다.

첫째, 마르크스주의 자체 내의 비판이 있다. 즉 마르크스주의 양대 계급론의 문제점을 인정하면서도 그 문제점을 마르크스주의 안에서 해결할 수 있다고 보며 자본주의 사회를 인정하지 않고 변혁해야 할 대상으로 삼는다.

둘째, 마르크스주의의 계급론을 해체하고 '계급'을 대체할 새로운 패러다임을 찾는 입장이다. 이 흐름 역시 첫 번째와 마찬가지로 자본주의 사회를 인정하지 않고 변혁해야 할 대상으로 삼는다.

셋째, 베버의 시각을 취하는 흐름으로, 마르크스주의의 양대 계급론과 달리 여러 계급 또는 계층이 존재한다고 보는 입장이다. 이 입장은 자본주의 사회를 인정하고 자본주의 사회에 대해 혁명적인 태도가 아니라 사회 제도의 보완 같은 개량적인 태도를 취한다.

2

경제결정론 —
자본의 모순이 계급 의식을 낳다

그렇다면 이 세 가지 흐름의 배경이 된 마르크스주의를 살펴보자. 마르크스주의를 '경제결정론'이라고도 하는데 이는 제2인터내셔널의 지도자 카우츠키Karl Johann Kautsky(1854~1938)로 대표되는 이론이다.

카우츠키

앞에서 살펴본 것처럼 경제결정론은 자본주의 경제의 생산력이 발전하면, 즉 물질 영역에서 부가 증대될 때 부익부 빈익빈 현상이 심화되고 이에 따른 노동자의 고통과 불만이 노동자들을 단일한 집단으로 단결시켜 자본에 맞서 투쟁하고 저항하게 된다고 본다. 나아가 이 투쟁과 저항을 통해 노동자 계급은 단순히 일하는 기계가 아니라 계급 의식을 가지고 자본주의 사회를 무너뜨리고 새로운 관계를 바탕으로 하는 새로운 사회를 건설할 수 있다는 역사의 필연 법칙을 세우게 되었다.

하지만 자본주의가 발달할수록 이 필연적인 역사의 법칙은 잘 맞지 않는 듯이 보였다. 19세기 말에서 20세기 초 독일, 프랑스,

카우츠키

1883년 독일사회민주당의 기관지 《노이에 자이트 Ne-
ue Zeit》를 창간해 편집을 담당했고, '에르푸르트 강
령'을 기초했다. 베른슈타인의 수정주의에 반대해 마
르크스주의를 옹호하는 한편, 마르크스의 《자본론》 등
을 출판하고 해설했다. 1차 세계대전 발발 후에는 반
전을 주장하는 소수파인 독립사회민주당에 가담했다.

전쟁 중에 초제국주의론을 제창하고 폭력 혁명과 소
수 사회주의자에 의한 독재에 반대해 레닌의 비판을
받았다.

이탈리아에서 일어난 서유럽 혁명이 실패했기 때문이다. 노동자
계급은 자본주의에 저항하기는커녕 다른 사람의 삶에는 아랑곳
하지 않으면서 안락한 자본주의의 삶에 더욱더 빠져들었다. 그
리고 안락한 삶을 유지하는 데 필요한 돈을 최고의 가치로 삼는
물신주의, 배금주의 의식이 팽배했다. 이러한 의식은 자본주의
에 저항하는 노동자 계급의 자기의식인 계급 의식과는 정반대되
는 자본화된 의식이다. 따라서 자본주의가 발전할수록 자본주의
의 모순은 깊어갔다. 결국 새로운 사회가 올 수밖에 없다는 경제
결정론의 필연적인 역사 법칙에서 봤을 때, 노동자 계급은 자본
주의를 무너뜨리고 새로운 사회를 건설할 만한 단일한 집단이
될 수 없다.

물질 영역인 경제 영역에서는 몸(신체)의 계급이 있는데, 계급
의식은 이 몸(경제 영역)과 함께하지 못한다. 즉 몸 따로 마음 따
로이다. 이것이 경제결정론의 한계라고 할 수 있다. 계급 의식을
가지고 자본주의에 대항해 새로운 사회를 건설하려면, 필연적인
역사 법칙이 작동하는 영역인 경제 영역과는 다른 정치, 법, 문
화, 예술, 교육, 철학 등의 정신 영역에서 노동자 계급이 계급 의
식을 가질 수 있는 가능성을 모색해야 하지 않을까? 이러한 가능
성을 모색한 이들이 바로 루카치, 그람시, 알튀세르라는 서구 마
르크스주의자들이다.

1889년 7월 프랑스 대혁명 100주년 기념일에 파리에서 결성된 제2인터내셔널의 혁명가들

20세기에 독점자본주의 시대가 도래하자 제2인터내셔널 여러 당의 지도부가 개량주의 성향을 띠게 됨으로써 제2인터내셔널은 전쟁 반대를 결의했을 뿐 아무런 행동을 취하지 못했다. 자본주의가 발달할수록 노동자계급이 자본주의 사회를 무너뜨리고 새로운 사회를 건설할 수 있다는 역사의 필연 법칙은 잘 맞지 않는 듯이 보였다. 자본주의가 발전할수록 자본주의의 모순은 깊어갔다.

3

서구 마르크스주의
― 경제결정론에 반대한다

루카치, 지식인과 공산당의 역할

루카치

헝가리의 마르크스주의 철학자이자 문학사가인 루카치Lukács György(1885~1971)는 경제결정론을 비판하면서 노동자 계급이 혁명을 일으킬 수 있는 계급 의식은 물질 영역인 경제 영역이 아니라 법, 정치 등의 정신 영역에서 형성된다고 말한다. 자본주의는 경제 영역의 자본의 법칙(역사의 철의 법칙)에 따라서 붕괴하고 필연적으로 새로운 사회로 넘어가지 않는다. 가령 해가 동쪽에서 떠서 서쪽으로 지는 자연 법칙과 달리, 사회적인 부나 자본이 일정 정도 쌓인다고 해서 빈익빈 부익부 현상이 심해져 자본에 대한 투쟁과 혁명이 일어나고 필연적으로 새로운 사회가 오지는 않는다는 것이다.

경제적 양극화가 심화되고 살기 어렵다고 하면서도 왜 노동자 계급은 새로운 사회를 만드는 데 관심을 보이지 않는 것일까? 루

역사의 철의 법칙
역사의 발전 법칙이 일상의 자연 법칙처럼 변화할 수
없음을 표현하는 말이다. 곧 경제결정론에서 바라보
는 역사의 발전 법칙을 일컫는 말이다.

허위의식
자신의 존재 기반인 현실에서 유리되어 있어 현실을
올바르게 반영하지 못하는 사상이나 이념을 뜻한다.
즉 노동자가 자신을 새로운 사회를 건설할 수 있는 역
사 발전의 주체로 의식하지 못하고 자본이나 사물과
연관 지어서만 의식하는 사물화된 의식이다.

카치에 따르면 모든 사람이 먹고사는 데 어려움 없이 하고 싶은
일을 하면서 서로 어울려 잘 살아야겠다는 생각, 즉 인간다운 삶
을 살아야겠다는 생각에서 비롯된 계급 의식이 노동자 계급에게
는 없다. 단지 자본의 이데올로기인 물신주의, 배금주의 이데올
로기에 따라 돈을 최고의 가치로 여기기 때문이다. 돈을 최고의
가치로 삼는 것을 루카치는 '사물화' 되었다고 말한다.

사물화된 세상에서는 돈이 사람보다 우선한다는 생각, 즉 사
물화된 의식만을 가질 수 있을 뿐이고, 이 의식은 인간=노동자
라는 주체적인 자기의식이 아니라 사람을 돈(사물)으로 판단하는
허위의식이다. 사물화된 의식을 극복하려면 이 의식을 비판할
수 있는 올바른 의식인 '귀속 의식', 즉 계급 의식을 가져야 한
다. 그런데 이러한 계급 의식은 노동자 계급 자체로부터는 나올
수 없다. 노동자 계급은 물질적 영역인 경제 영역에서 먹고사는
데 급급해 사물화된 의식만을 가질 뿐 그 외의 인간다운 삶에 대
한 생각을 할 여유가 없기 때문이다.

그렇다면 노동자 계급은 어떻게 계급 의식을 가질 수 있을까?
먹고사는 데 급급한 영역인 물질적 영역, 경제 영역을 넘어서는
정신 영역에 속한 사람들 또는 집단에게서 계급 의식을 전수받
아야 하지 않을까? 루카치는 이러한 사람들 또는 집단을 지식인
또는 공산당이라고 말한다. 결과적으로 노동자 계급은 지식인
또는 공산당 조직에 좌우되는 계급 의식의 대상으로 전락할 수

자본주의 사회를 해체하고 새로운 사회를 건설하는 투쟁에 노동자 계급을 끌어내기 위해 그들을 교육하고 선전·선동하는 전위적 존재 또는 집단. 그런데 이 지식인 또는 공산당은 노동자 계급과는 질적으로 다른 영역에 있는 존재들이다. 노동자 계급은 사물화된 의식이 지배하는 경제 영역에 속해 있으며, 지식인 또는 공산당은 사물화된 의식을 넘어선 계급 의식을 가진 존재로서 정신 영역에 속하는 존재이기 때문이다.

밖에 없다. 즉 공산당 조직의 이념에 따라 움직이는 꼭두각시가 되어버린다.

가령 하나의 비유로 학교 공부를 생각해보자. 대부분의 학생(노동자 계급)은 공부에 큰 관심이 없다. 하지만 현실은 대학을 나와야 인간다운 삶을 보장받을 수 있다고 말한다. 선생님(지식인 또는 공산당)은 공부하라고 강요하며 더 많은 지식을 주입하려 하고, 나는 공부하는 주체가 아니라 공부를 강요당하는 대상이 되고 만다. 그렇다면 이 상황에서 주입받은 지식(계급 의식)의 내용은 정말 나 자신의 것이라고 말할 수 있을까?

그런데 선생님(지식인, 공산당)은 어떻게 선생님이 되었을까? 누가 어떻게 만든 것일까? 이에 대해 루카치는 별다른 말이 없다. 지식인 또는 공산당은 그저 '선구자(선각자)'일 뿐 어떻게 만들어졌는지 알 수 없다. 자본주의 사회의 '보이지 않는 손'이 만들었다는 점에서는 자본가 계급이나 이에 대립하는 지식인 또는 공산당 조직 모두 같다. 양자 모두 노동자 계급을 자신의 삶과 역사 발전의 주체로 인식하는 것이 아니라 무엇인가를 깨우치게 하는 계몽 대상 또는 지배의 대상으로 인식한다. 아무리 좋은 선생님이 담임 교사가 되더라도 학생이 교사에게 복종해야 하고 수동적으로 가르침을 받아야 하는 구조는 변함없는 것과 마찬가지다.

여기에서 바로 루카치의 한계가 드러난다. 그 역시 자신이 비판한 경제결정론자와 동일한 체계, 동일한 모순에 빠지게 되는 것이다.

그람시, 이데올로기 투쟁과 유기적 지식인

그람시Antonio Gramsci(1891~1937)도 루카치와 마찬가지로 경제결정론을 비판하면서 노동자 계급이 어떻게 계급 의식을 가지고 새로운 사회를 건설할 수 있을지 연구했다. 그람시는 루카치와 조금 다른 시각에서 자신의 생각을 펼쳤다. 그는 루카치가 제대로 해명하지 못한 지식인의 문제를 좀 더 구체적으로 밝히기 위해 독창적인 헤게모니(지배 권력) 이론과 시민 사회 이론을 제시했다. 그람시는

안토니오 그람시

물질적 영역인 경제 영역에서 발생하는 부익부 빈익빈이라는 경제적 모순이 곧바로 사회 혁명으로 이어진다는 것은 생각할 필요조차 없는 거짓이라고 보았다. 대신 그는 정신적 영역, 즉 역사 상황에서 벌어지는 정치적 세력 관계(상부 구조)에 주목했다. 그람시에 따르면 경제 영역에서 자본가 계급-노동자 계급 간의 투쟁과 균형으로 혁명은 발생하지 않는다. 계급 집단의 헤게모니 영향 아래에서 지도를 받거나 그 영향에 종속된 보조 세력들 사이의 관계에서 일어나는 상호 작용도 고려해야 하기 때문이다.

예를 들면 반장 선거를 하는 두 진영(자본가 계급과 노동자 계급)은 각자 자기를 지지할 만한 사람들을 어떻게 자기편으로 만들어

그람시는 대표 저서인 《옥중수고Prison Notebooks》에서 계급 간의 관계, 특히 부르주아 계급이 노동자 계급에게 행사하는 통제의 의미로 헤게모니를 설명했다. 그에게 헤게모니란 한 계급이 단지 힘의 위력을 통해서가 아니라 제도, 사회 관계, 관념의 조직망 속에서 동의를 이끌어냄으로써 자신의 지배를 유지하는 수단이다. 즉 성공적인 헤게모니는 지배 계급의 이해를 표현할 뿐만 아니라 피지배 계급으로 하여금 이것을 자연스러운 것, 또는 상식적이며 자명한 것으로 받아들이게 할 수 있다. 그람시는 더 나아가 헤게모니의 기초를 경제에 한정되는 것이 아니라 모든 사회의 문화 생활 속에 존재하는 통합적 관계망이라고 생각했다.

선거에서 이기느냐가 중요하다. 어디에서 어떻게 자기편을 만들 수 있을까? 자기편을 만든다는 것이 그람시에게는 곧 헤게모니(지배 권력) 장악이며, 이는 시민 사회에서 이루어진다. 헤게모니 장악은 너와 내가 같은 편 또는 친구라는 생각에서 나온다. 헤게모니는 강제로 물리력을 써서 장악되는 것이 아니다. 만일 자본가 계급이 경제 영역에서 노동자 계급과의 적대 관계에 기초해 강제와 무력을 행사한다면, 이는 노동자 계급 외의 다른 피지배 계층에 대한 통치에도 강제와 무력 행사가 적용되는 것이며, 프롤레타리아 계급과 그 외의 피지배 계층이 강제와 무력에 지배받는 '피지배 계급'이라는 동일한 사회적 위치에 있으면 부르주아 계급의 지배에 시민 사회가 더는 동의하지 않기 때문이다.

시민 사회에서 '동의'는 어떻게 얻는가? 동의는 바로 '동일한 존재' 지평, 곧 동일한 사회적 위치에 있다는 의식에서 나온다. 이처럼 동일한 존재 지평에 있다고 의식하도록 만드는 것이 바로 '이데올로기'다. 간단히 말하면 너와 내가 같은 편이라는 생각을 갖게 하는 것이 바로 이데올로기의 역할이다. 그래서 이데올로기는 내가 누구와 같은 편인지, 나와 다른 이가 사회에서 친구가 될 위치에 있는지를 살피고 이해하면서 투쟁하는 지형을 창조하는 힘이며, 대중을 '조직'하는 힘이 된다.

이데올로기를 생산하고 확산하는 정신 영역이 '시민 사회'다. 그래서 역사와 사회를 변혁하고 발전시키는 동력은 바로 '이데

유기적 지식인

경제적으로 자본가 계급에 속하는지 노동자 계급에
속하는지와 상관없이 피지배 계급인 노동자 계급의
이해에 대한 열망과 의식을 가지고 이데올로기 투쟁
을 벌이는 지식인을 말한다. 이와 반대로 직·간접적
으로 지배 계급의 이해에 봉사하는 지식인을 그람시
는 '전통적 지식인'이라고 불렀다.

올로기 투쟁'이 된다. 이 이데올로기 투쟁에서 전선이 생겨나는
데, 이를 그람시는 '진지전'이라고 부른다. 혁명을 하나의 전투
로 비유했을 때 기동전이 폭력과 힘으로 단번에 권력 구조를 장
악함으로써 권력을 장악하는 것이라면, 진지전이란 중심화된 권
력 구조가 아니라 사회 전반에서 설득을 통한 동의로 지지를 획
득해나가는 것을 뜻한다. 진지전을 통한 기반 없이 기동전만을
행사해 획득한 권력은 오래가지 못한다는 것이 그람시의 생각이
다. 결국 헤게모니는 진지전에서 승리하는 것을 말한다. 이 진지
전의 승패는 자기 진영을 믿고 따라줄 이들을 자기편으로 만드
는 지속적이고 장기적인 과정 속에 있다. 그런데 노동자 계급은
시민 사회에서 자신과 다른 피지배 계층의 동의를 얻어내는 이
러한 진지전을 제대로 펼치지 못했다. 그람시가 보기에 서구 유
럽에서 혁명이 일어나지 않은 이유는 바로 여기에 있었다.

  하지만 노동자 계급은 이데올로기 투쟁을 직접 할 수 없다. 물
질적 영역인 경제 영역에서 먹고사는 데 급급한 노동자 계급이
스스로 계급 의식을 가질 수 없기 때문이다. 시민 사회에서 이데
올로기 투쟁의 진지를 확고히 마련하려면 정신적 영역에 전초
기지의 거점을 확보해야 한다. 이 역할을 담당하는 것이 이데올
로기 투쟁을 담당하는 '지식인'이다. 노동자 계급은 이 지식인,
즉 유기적 지식인을 '대리자'로 내세워 자신의 계급 의식에 대한
시민 사회의 동의를 얻어내야 한다. 예를 들어 반장 선거라면,

대의명분과 선거 공약을 잘 전달할 수 있는 언변과 논리를 갖추고 상대 진영의 아이들과 논쟁을 벌일 수 있는 공부 잘하는 아이들을 내세워 친구들을 자기편으로 만들어야 하는 것이다. 그리하여 진지는 곧 '당'(공산당)으로 구체화된다.

여기서 문제는 루카치와 마찬가지로 지식인 또는 당과 노동자 계급 자신의 관계다. 물론 그람시에게서 유기적 지식인은 노동자 계급과 기계 부품처럼 분리된 범주가 아니다. 자본주의 사회에서 '전통적' 지식인들은 육체 노동자와는 다른 세계에 살고 있는 사람처럼 보인다. 가령 대학 교수들이 자신이 노동자가 아니며 노동자들보다 우위에 있다고 생각하는 것처럼 말이다. 그러나 유기적 지식인은 전통적 지식인과 달리 노동자와 떼려야 뗄 수 없는 관계에 있다.

유기적 지식인이 어떻게 만들어지고 언제 출현해 노동자 계급과 유기적으로 결합되는지에 대해 그람시는 별 말이 없다. 노동자 계급 자신이 유기적 지식인이 되는가, 아니면 유기적 지식인을 만들어내는가? 두 가지 모두 그람시에게는 불가능한 일이다. 노동자 계급은 물질적 영역인 경제 영역에서 먹고사는 데 급급해 다른 것에 신경 쓸 여유가 없기 때문이다.

물론 그람시는 노동자 계급과 유기적 지식인의 수평적 · 통일적 연관 관계를 위해 "산업 노동과 밀접하게 연관된 기술 교육을 통해 새로운 유형의 지식인(유기적 지식인)을 창출하는 토대를 형성해야 한다"고 말한다. 이는 학교에서 다양한 수준의 다양한 교육으로 이루어질 수 있다. 그러나 학교에서는 지배 계급이 지배 계급의 이념을 알게 모르게 '동의' 형태로 전파하고, 학교에서 배출된 지식인은 지배 계급에 동의해 "사회적 헤게모니와 정치적 통치의 하위 기능을 수행하는 지배 계급의 대리인"이 된다. 이 지식인들은 대부분 피지배 계급인 노동자 계급의 일원이 아니라 그로부터 독립한 지배 계급의 일원으로 규정된다.

이러한 현실에서 노동자 계급의 유기적 지식인은 이 지식인들 중에서 좀 더 선진적인, 즉 자본주의 사회를 넘어서는 새로운 사회에 대한 희망을 제시하는 "지식인층으로부터 사상과 요원을 흡수해" 만들어진다. 이때 유기적 지식인은 노동자 계급 자신이 만드는 것이 아니라 노동자 계급 바깥에 있다. 이 유기적 지식인은 노동자 계급의 계급 의식을 노동자 계급보다 앞서서 가지고 있는 집단으로 계급 의식을 노동자 계급에게 심어주고, 더 나아가 시민 사회에 전파하는 존재이다. 그리고 이 집단은 현실에서 '당'으로 구현된다. 당이 노동자 계급에게 계급 의식을 주입한다는 점에서 루카치와 마찬가지로 노동자 계급은 역사 발전의 주체로서 지위를 잃어버릴 위험이 있다.

알튀세르, 주체 없는 계급 투쟁

알튀세르

　　프랑스의 마르크스주의 철학자 알튀세르Louis Althusser(1918~1990)
는 경제결정론과 루카치, 그람시 등 서구 마르크스주의로 나타
난 마르크스주의 위기를 극복하고자 했다. 알튀세르가 보기에
경제결정론의 반동으로 나타난 서구 마르크스주의는 경제결정
론의 다른 이름에 지나지 않는다. 노동자 계급을 역사 발전의 주
체가 아니라 수단 또는 대상으로 삼는 위험성을 자기 이론 체계
내에 가지고 있기 때문이다.

　　알튀세르에 따르면 노동자 계급의 문제는 자본가 계급 이데올
로기에 근거한 것이다. 왜냐하면 정신노동(자본가 계급)과 육체
노동(노동자 계급)의 분리를 당연하게 여기는 자본주의 사회에서
정신적인 것이 주체가 되고 육체적인 것은 주체의 대상, 수단으
로 여겨지기 때문이다. 더 나아가 육체노동과 정신노동이 분리
된 상태에서 두 노동이 동등할 수 없는데도 육체노동이 정신노
동이 될 수 있는 것은 노동자 계급이 품고 있는 '나도 열심히 일
하면 자본가가 될 수 있다'는 환상에 근거한다고 보기 때문이
다. 이러한 환상은 자본가 계급이 대중매체 등을 통해 노동자 계
급에게 '당신은 이 나라를 살리는 산업 역군이다, 이 나라에 없
어서는 안 될 아주 중요한 사람이다'라는 생각을 은밀하게 세뇌
시켜 노동자 계급이 자본가 계급에게 온 힘을 다해 봉사하도록

알튀세르에 따르면, 이데올로기가 역사적으로 어느 시대가 요구하는 바에 부응하지 못하는 부적절하고 추상적인 지식이라면, 과학은 그 시대가 요구하는 바에 적절하게 부응하는 실효성 있고 구체적인 지식이다. 그런데 부적절하고 추상적인 지식인 이데올로기를 원재료로 삼아 그것을 변형해 구체적이고 실효성 있는 지식으로 만드는 과정 역시 과학 또는 이론적 실천이라고 한다.

만든다.

결국 알튀세르는 정신노동과 육체노동이라는 이분법적 도식 자체가 부르주아 이데올로기 산물이므로 마르크스를 구하려면 이데올로기와 대립되는 '과학'에 중점을 두어야 한다고 말한다. 알튀세르에게 이러한 과학을 되살리는 작업이 이론적 실천이고, 이 실천을 뒷받침하는 것이 정치적 실천이다. 알튀세르는 경제 결정론과 서구 마르크스주의를 넘어서고자 했지만, 정신 영역인 이론적, 정치적 실천에 방점을 두어 다른 서구 마르크스주의와 같은 한계에 부딪히게 된다.

알튀세르에게 과학은 이데올로기와는 질적으로 다른 독립된 지위를 가진다. 과학은 이데올로기처럼 자본가 계급의 영향을 받지 않는다. 이 계급이 발생하기 이전부터 있었기에 자본가 계급의 영향을 받지 않는 '개념 자체의 질서'와 구조에 토대를 둔다.

예를 들어 학교 교칙의 구조를 살펴보자. 학교 교칙의 틀과 형식 자체는 세월이 흘러도 사라지지 않는다. 이 학교 교칙의 틀과 형식 자체가 과학의 생성 구조라고 할 수 있다. 그리고 그 틀과 형식 속에 담긴 교칙의 세세한 내용(예를 들어 두발 자율화)은 시대와 그 시대를 주도한 사람, 집단에 따라 변하게 된다. 바로 이 세부 사항이 이데올로기와 과학의 내용이다. 이러한 구조는 생산의 구조로서 원료(이데올로기)—변형 노동—생산물(과학)이라는 구조를 가지는데, 여기서 가장 결정적인 것은 '변형 노동'이다.

변형 노동 과정은 보편성 I(원료)—보편성 II(생산 수단을 사용하는 변형 노동)—보편성 III(생산물)으로 이루어진다. 가령 보편성 I은 1970~1980년대 한국의 두발 규제 교칙(이데올로기)이고, 보편성 II는 시대의 변화와 그에 따른 교칙에 대한 학생들의 저항이며, 보편성 III은 그 저항에 따라 개정된 지금의 두발 자율화 교칙(과학)이라고 할 수 있다.

그러면 이런 변형 노동 과정(이론적 실천 과정)에서 원료를 가공, 변형해 생산물로 만드는 실천 행위의 주체는 무엇인가? 알튀세르에 따르면 이 실천 행위의 주체는 없다. 주체는 이데올로기의 산물일 뿐이다. 얼핏 보기에 주체는 학생인 것 같지만 단지 두발 규제 교칙이라는 구조가 학생들로 하여금 두발 규제 교칙 개정을 위해 저항하도록 만든 것뿐이다.

이데올로기란 '시대가 영웅을 만들어낸다'는 말처럼 시대라는 구조가 영웅이라는 주체를 결정하는데도 마치 주체(영웅)가 구조(시대)를 결정하는 것처럼 오해하도록 만든다. 알튀세르는 객체(시대)가 주체(영웅)를 결정한다는 것을 밝혀냈다. 이는 주체가 객체로 환원됨을 의미하는데, 이때 주체는 객체의 대상이 된다. 다시 말하면 주체는 사라지고 객체만 남게 되어 '주체 없는 과정'이 등장하게 된다. '주체 없는 과정'으로서 변형 노동 과정은 알튀세르가 보기에 진정한 마르크스주의의 역사 과학이다.

이런 '주체 없는 과정'이 바로 이론적 실천 과정이며, 이데올로

알튀세르에 따르면 변형 노동 과정에서 실천 행위의 주체는 없다. 주체는 이데올로기의 산물일 뿐이다. 이데올로기란 '시대가 영웅을 만들어낸다'는 말처럼 시대라는 구조가 영웅이라는 주체를 결정하는데도 마치 주체(영웅)가 구조(시대)를 결정하는 것처럼 오해하도록 만든다.

기를 과학으로 만드는 과정이다. 이 과정은 발전 개념이 없기 때문에 '구조'의 본질은 질적인 면에서 발전 과정이 없다. 예를 들면 1970~80년대 학교 교칙이든 지금의 학교 교칙이든 학생을 통제하고 억압하는 교칙의 특성은 변하지 않았다. 그러므로 이 과정을 발전적인 것으로 보는 것이 바로 이데올로기이고, 발전 개념을 빼버린 것이 바로 과학이다. 이것은 이론적 실천 과정에서도 나타난다. 원료인 보편성 I은 이데올로기이고, 생산 과정인 보편성 II를 통해서 보편성 I(두발 규제 교칙)인 이데올로기가 과학인 보편성 III(현재의 두발 자율화 교칙)으로 나타나게 된다. 그런데 질적인 면에서 발전적인 것으로 변하지 않는 구조에서 이데올로기와 과학은 어떻게 구별될 수 있을까? 예를 들어 두 교칙은 학생들을 통제하고 억압하는 장치로서 어떤 차이점이 있는 것일까?

물론 알튀세르는 이데올로기가 보편성 II인 생산 과정을 통해 과학으로 변하는 것이라고 말한다. 그렇다면 보편성 II인 생산 과정은 이데올로기와 과학을 구분하는 기준으로 작용한다고 볼 수 있다. 보편성 II인 이 생산 과정은 이론적 실천 내부에 있으므로 주관적일 수밖에 없다. 객관적 기준의 이론적인 정합성(이론의 논리 체계가 일관되고 자연스러움)만으로는 과학과 이데올로기를 구별할 수 없다. 가령 나름대로 논리적 체계를 가진 선생님들의 두발 단속에 관한 말과 두발 자율화를 요구하는 학생들의 말을 이론적 정합성만으로는 구별하기 어렵기 때문이다.

2005년 서울의 한 고등학교 학생들이 두발 규제 철폐를 요구하며 종이비행기를 날리고 있다 © 인터넷뉴스 바이러스

그렇다면 이데올로기와 과학을 구분하는 기준은 이론 안에 있는 것이 아니라 이론 바깥에 있다. 그 기준은 세계를 어떤 눈으로 바라볼 것인가 하는 세계관, 곧 자본가 계급의 눈으로 세계를 바라볼 것인가 노동자 계급의 눈으로 바라볼 것인가(예컨대 교사의 눈으로 두발 자율화를 볼 것인가 학생의 눈으로 두발 자율화를 볼 것인가) 하는 계급성에 있다. 이 계급성은 현실에서 정치적 실천 형태인 계급 투쟁의 형태로 나타난다.

그렇다면 이데올로기와 과학을 구분하는 기준은 이론 안에 있는 것이 아니라 이론 바깥에 있다. 그 기준은 세계를 어떤 눈으로 바라볼 것인가 하는 세계관, 곧 자본가 계급의 눈으로 세계를 바라볼 것인가 노동자 계급의 눈으로 바라볼 것인가(예컨대 두발 자율화를 교사의 눈으로 볼 것인가 학생의 눈으로 볼 것인가) 하는 계급성에 있다. 이 계급성은 현실에서 정치적 실천 형태인 계급 투쟁의 형태로 나타난다. 알튀세르에게 이론적 실천은 정치적 실천에, 과학은 세계관으로서의 철학에 그 자리를 넘겨주게 된다.

　계급 투쟁은 자본가 계급과 노동자 계급의 삶을 모두 지배하면서 두 계급 바깥에 존재하는 구조다(두 계급은 새에, 계급 투쟁은 새장에 비유할 수 있다). 앞에서 살펴본 것처럼 과학과 이데올로기의 구분이 사라지고 나서 이 둘을 구분하는 것은 세계관에 따른 정치적 실천이며, 정치적 실천은 과학과 이데올로기 위에 또는 바깥에 미리 주어져 있다.

　이 계급 투쟁 구조 안에서 계급 투쟁의 역학(힘겨루기) 관계는 어떻게 결정되는가? 알튀세르에게 이 역학 관계를 결정하는 '주체'는 없다. 즉 이 역학 관계는 역학 관계 내부에서 결정되는 것이 아니라 외부에서 결정된다. 역학 관계 내부에서 결정된다는 것은 그 역학 관계의 구조를 만들어내는 '(인간) 주체'를 의미한다. 역학 관계 외부에서 결정된다는 것은 (인간) 주체를 외부에서 조종하는 '보이지 않는 어떤 손', 즉 절대적인 어떤 것이 있음을 뜻한다. 예를 들면 두발 자율화를 반대하는 선생님과 두발 자율화를 지지하는 학생들 간의 힘겨루기 구조와 틀이 있다. 그런데 이 구조와 틀은 누가 만들었는지 모른다. 이 구조 안에서 힘겨루기를 하는 선생님이나 학생들은 힘겨루기를 하는 주체가 아니다. 그들 모두 이 힘겨루기 구조가 없으면 아무것도 아니다. 힘겨루기와 힘겨루기 구조를 표현하는 수단 또는 대상일 뿐이다. 그 힘겨루기가 선생님과 학생이라는 꼬리표를 붙여 선생님이 되고 학생이 된다. 계급 투쟁에서 계급은 신의 부름을 받고 대홍수에 대비해 노아의 방주를 만든 노아처럼 선택받거나 학교 선생님이 "몇 번 아무개, 오늘 청소 반장이다"라고 말했을 때처럼 '호명' 되었을 뿐이다.

노동자 계급과 계급 투쟁은 이미 주어진 자본의 운동 구조에서 어떻게 발생하는지 그 원인을 알 수 없는 우연적이고 자연 발생적인 것이다. 이 구조와 계급, 계급 투쟁은 인간의 삶과 관계 속에서 이루어지는 행위의 산물이 아니라 삶과 관계 바깥에 애초부터 주어진 새장과 같기 때문이다. 이 속에서 계급 투쟁은 혁명적이고 변혁적인 운동이 되지 못하고 즉자적이고 개량적인 시민 운동으로 변질된다. 그 구조는 인간의 힘으로는 어찌할 수 없는, 이미 인간의 삶 앞에 놓여 있고 근본적으로 바꿀 수 없는 것이기 때문이다.

인간은 계급 지배와 계급 투쟁의 역사를 넘지 못하고, 자신을 의식할 주체가 없기 때문에 자기 자신에 대해 의식하지 못한다. 그리하여 처음부터 끝까지, 자기의식을 가진 의식적 존재로서, 즉 주체로서 '인간의 후사後史', 계급 없는 새로운 사회가 시작되는 역사인 "외로운 시간은 결코 오지 않는다".

4

들뢰즈 —
계급론 폐지와 자본주의 변혁

다수자와 소수자

들뢰즈

가타리

프랑스의 철학자 들뢰즈Gilles Deleuze(1925~1995)와 실천적 이론가 가타리Félix Guattari(1930~1992)는 부르주아와 프롤레타리아의 이분법적 도식을 벗어나 다수자와 소수자라는 새로운 계급 패러다임을 열었다. 이들은 이미 다수자가 되어버린 프롤레타리아 계급과 계급 운동을 비판하고 소수자 중심의 계급 투쟁, 소수자 중심의 정치학을 주장한다.

여기서 잠깐 다수자와 소수자에 대해 짚어보자. 단순히 숫자가 많다고 해서 다수자가 되거나 수가 적다고 해서 소수자인 것도 아니다. 다수자와 소수자는 한 사회에서 권력과 자원을 얼마만큼 보유하느냐에 따라 결정된다. 다수라는 말은 이미 권력을 장악했고 권력을 확장할 통로를 확보해 다수자의 위치를 확고히 할 수 있다는 의미다. 가령 남아프리카공화국에서 백인의 비율

들뢰즈

대학에서 철학 · 문학 · 과학을 강의했고, 퇴임한 후에는 줄곧 좌파를 옹호하며 집필과 방송 활동을 했다. 1960년대의 서구 근대 이성 재검토라는 사조 속에서, 서구의 2대 지적 전통인 경험론과 관념론의 기초 형태를 비판적으로 해명했다. 1968년 《차이와 반복》에서 이 문제를 극복하는 논의를 전개했다. 1972년에는 동료 가타리와 함께 저술한 《앙티 오이디푸스》에서 기존의 정신분석에 반기를 들고 니체주의의 틀 안에서 프로이트와 마르크스를 통합해 20세기의 고정 관념을 깨뜨렸다. 1995년 11월 자신의 아파트에서 뛰어내려 자살했다.

은 10%도 채 되지 않지만 백인이 정치와 경제 등에서 흑인을 압도하고 있기 때문에 다수자다. 미국에서 백인은 다수자고 흑인은 소수자인데 실제로 백인의 수가 많기는 하지만 수의 많고 적음이 미국 사회의 다수자와 소수자를 나눈 기준은 아니다. 들뢰즈는 저작 《천 개의 고원Mille Plateaux》에서 다수자의 표준을 "이성애자-유럽인-표준어 사용자-도시 거주자-성인-남성-백인"으로 상정하고 이들이 분명 "모기, 아이, 여자, 흑인, 농부, 동성애자보다 수적으로 적더라도 다수파임이 분명하다"고 말한다.

다수자는 때로 법이든 힘이든 간에 현재의 상태를 유지하려는 권력을 행사할 수 있다. 학교 '짱'은 자신보다 힘이 약한 친구들이 밑에서 치고 올라오는 데 신경 쓴다. 현 상태를 유지하지 못할 경우 자신의 입지가 그만큼 줄어들 것이 분명하기 때문이다. 친구들 사이에서 권력을 장악한 다수자인 '짱'은 변화를 싫어하고 늘 현상을 보존하려고 한다.

반대로 소수자는 늘 새롭게 도전하고 변화와 창조를 통해 새로운 모습으로 변신하는 사람을 일컫는다. 소수자는 자신이 원하는 권력과 지위를 제도나 정해진 길을 통해 얻으려 하는 대신 자신만의 방향으로 삶을 꾸려나가는 사람들이다. 날마다 윽박지르는 '짱'이 싫어 친구들과 힘을 모아 그를 끌어내린 다음, 자기가 대신 새로운 '짱'으로 군림하는 이는 결코 소수자가 아니다. 마찬가지로 다이어트와 성형 수술에 집착하면서 남성보다 더한 소수자는 늘 새롭게 도전하고 변화와 창조를 통해 새로운 모습으로 변신하는 사람을 일컫는다. 소수자는 자신이 원하는 권력과 지위를 제도나 정해진 길을 통해 얻으려 하는 대신 자신만의 방향으로 삶을 꾸려나가는 사람들이다.

남성의 시선으로 자신을 바라보는 여성 역시 소수자가 될 수 없다. 이러한 남성적 시선을 가로지르는 새로운 삶을 만들어내는 여성이야말로 소수자이다.

노동 운동의 참모습

최초의 노동 운동은 소수자 운동에서 시작되었다. 처음 프롤레타리아 계급은 부르주아를 대변하는 국가를 없애고 자본주의 체제를 전복하려 했는데, 이는 계급 자체를 해소하려 한 창조적이고 획기적인 운동이었다. 사실 잃을 것이라고는 아무것도 없는 프롤레타리아 계급은 수동적일 수밖에 없었다. 경제적 생존을 위해서는 자본에 종속될 수밖에 없는 사회적 지위를 가지고 있기 때문이다. 그러나 프롤레타리아 계급은 이 수동성을 능동적인 능력으로 전환할 수 있다. 그들은 자본주의의 모순을 통해 프롤레타리아 계급의 역사 속 주체적인 모습을 자각하는 동시에 국가와 자본주의 사회를 모두 자발적이고 능동적으로 해체하려 한다.

그러나 아무 힘도 없는 프롤레타리아들이 부르주아에게 대항하기엔 힘겹기 때문에 공산당이니 사회당이니 노동당 같은 정당을 구성한다. 그런데 당이 계급의 이해를 대변하는 대표가 되는 순간, 노동자가 피지배 계급의 저항 주체로 떠오르고 노동자인 자신들만이 유일한 진리가 되면서, 다른 소수자들은 또 다른 소외를 겪게 된다. 상품이 화폐를 통해서만 그 가치를 표현할 수 있듯이, 다른 소수자들 역시 오로지 노동자 계급을 통해서만 자신의 가치와 욕구를 표현할 수 있다. 다른 소수자 = 노동자 계급의 관계가 상품 = 화폐의 관계처럼 되어버린다.

현대 사회에서 노동자 계급은 '계급 투쟁'보다 '임금 투쟁'을 더 많이 한다. 계급 투쟁이 자본주의 사회를 변화시키려는 운동이라면, 임금 투쟁은 자본주의 사회를 인정한 가운데서 더 큰 경제력을 얻기 위한 활동이다. 세상이 어떻게 돌아가든 한 푼이라도 더 벌어 우리 가족만 잘살면 그만이라고 생각하는 존재, 그래서 임금 투쟁에 몰입할 수밖에 없는 노동자는 '자본주의적 존재', 즉 다수자가 될 수 있다.

소수자, 다른 질서를 만드는 사람들

모든 계급 갈등, 계급 운동은 다시 초심으로 돌아가 소수 운동이 되어야 한다. 무엇보다 이미 다수화가 되어버린 프롤레타리아 계급 중심의 운동에서 벗어나 모든 계급 운동을 소수화하는 일이 중요하다. 새롭게 정의된 소수자 계급은 과연 어떠한 사람들일까?

첫째, 소수자는 다수자(주류)를 향하는 길에서 벗어나 있는 사람들이다. 우리가 흔히 보호해야 할 대상이라고 생각하는 사회적 약자나 소외 계층만이 소수자는 아니다. 소외 계층은 권력과

1930년대 미국의 식수대 모습. '유색 인종 전용'이라는 팻말이 붙어 있다

모든 계급 갈등, 계급 운동은 다시 초심으로 돌아가 소수 운동이 되어야 한다. 새로운 것을 좋아하고 변화와 탈주를 즐기는 소수자들이 자신과는 다른 수많은 사람들을 만나 그들을 인정하고 그들과 하나가 될 때, 이 만남은 하나의 실험이 되고, 그것은 결국 세상을 변화시키는 능력을 낳을 것이다. 소수자는 체계에서 벗어나는 다양한 만남을 통해 전혀 다른 질서, 전혀 다른 세계를 만들어간다.

수량화는 자본주의의 근본적인 특성 중 하나이다. 질적으로 다른 모든 상품은 각각 시장에서 화폐라는 수량 단위로 자신의 가치를 표현하며, 교육에서는 1등부터 꼴찌까지 줄을 세우고, 사회 구성원의 인격은 부의 소유 정도로 표현된다.

거리가 멀기에 소수자라 오해할 수도 있지만, 그들 대부분은 오히려 권력을 욕망한다. 부, 명예, 권력 등과 같이 세상에 이미 존재하는 다수자들의 욕망은 우리에게 무척 익숙하다. 그러나 소수자는 다수자의 이러한 인정을 얻는 데 관심이 없다. 그래서 소수자를 마주쳤을 때 다수자 대부분이 낯설게 느끼는 것이다. 이처럼 소수자는 지금 바로 이 세계에 없는 것을 얻고자 하며, 다수자들의 손에 놓인 세계를 구해 그것을 변화시키려고 노력하는 사람들이다.

둘째, 소수자는 '소수자는 누구이다' 혹은 '소수자는 무엇이다' 같이 자신들을 정의하기를 거부한다. 인간의 모든 가치를 수량화라는 잣대로 평가하고, 변화를 싫어하는 기존의 권력과 기존의 눈으로 바라봤을 때 소수자는 결코 이해할 수 없는, '셀 수 없는' 능력을 갖고 있으며 그 체계를 벗어나고자 하기 때문이다. 새로운 것을 좋아하고 변화와 탈주를 즐기는 소수자들이 자신과는 다른 수많은 사람들을 만나 그들을 인정하고 그들과 하나가 될 때, 이 만남은 하나의 실험이 되고, 그것은 결국 세상을 변화시키는 능력을 낳을 것이다.

소수자는 체계에서 벗어나는 다양한 만남을 통해 전혀 다른 질서, 전혀 다른 세계를 만들어간다. 소수자는 주변인도 희한한 사람도 아니다. 이러한 견지에서 본다면 우리도 소수자가 될 수 있다. 아니 소수자가 되어야 한다.

5

신베버주의—중간 계급에 주목하다

신베버주의자들Neo-Weberian은 마르크스주의에서 말하는 양대 계급론 체제를 수정해 여러 다양한 계급으로 나눌 수 있다고 본다. 이들은 자본주의 사회에 혁명을 일으켜야 한다는 마르크스주의의 입장에는 관심이 없다. 이들은 단지 눈에 보이는 자본주의 사회의 현상을 설명할 뿐이다. 가령 병에 걸린 환자가 있을 때 신베버주의자들은 환자에게 눈에 보이는 아픈 곳을 설명해줄 뿐 왜 아픈지, 어떤 치료를 해야 하는지에 대해서는 관심이 없다. 신베버주의자들은 사회를 설명하는 방식을 보여줄 뿐 논쟁이나 문제의식을 이야기할 수 없다.

한편 이들은 마르크스주의와 베버의 입장을 절충해서 받아들인다. 그래서 자본가 계급과 노동자 계급을 기본 계급으로 인정하면서도 두 계급 사이에 마르크스주의로는 설명하기 어려운 중간 계급들이 있다고 본다. 신베버주의는 마르크스주의와 베버의 입장을 어떤 비중으로 받아들이느냐에 따라 크게 둘로 나뉜다.

신베버주의는 사회적 불평등과 계급의 문제에서 여러 요인을 적용함으로써 계급 구분을 다양하게 한다. 그리고 사회 계층 이동을 통해 사회가 갈등 양상으로 변하기보다 안정 양상으로 변한다는 것을 보여준다. 대표적인 신베버주의자로 파킨과 기든스가 있다. 기든스는 파킨보다 마르크스의 견해를 많이 받아들였다.

하나는 마르크스주의를 좀 더 많이 받아들이는 쪽이고, 다른 하나는 베버의 입장을 좀 더 많이 받아들이는 쪽이다.

첫째 입장은 자본주의 생산에서 경제적 자원에 대한 세 가지 통제, 즉 투자나 화폐 자본에 대한 통제, 물리적 생산 수단(토지나 공장, 사무실 따위)에 대한 통제, 노동력에 대한 통제가 존재한다고 본다. 이 입장에서 볼 때 자본가 계급은 이 세 가지를 모두 통제할 수 있지만 노동자 계급은 하나도 통제할 수 없다. 그런데 이 양대 계급 사이에는 이 두 계급만으로는 설명할 수 없는 애매한 집단이 있다. 이 집단을 '모순적 계급 위치'라고 한다. 이 집단은 생산의 어떤 측면에는 영향을 미치고 통제할 수 있지만, 다른 측면은 통제할 수 없는 위치에 있다. 예를 들어 화이트칼라(사무직 노동자)와 전문직 종사자는 먹고살기 위해 자본가와 계약을 맺는다는 점에서는 블루칼라(육체 노동자)와 동일하다. 그러나 시키는 대로만 하는 것이 아니라 어느 정도 창의성을 발휘한다는 점에서 자신의 노동력을 일정 정도 통제할 수 있으며, 작업 조건도 통제할 수 있다. 이러한 계급 위치에 있는 사람들은 자본가도 아니고 육체동자도 아니다.

두 번째 입장은 생산 수단의 소유 여부에 따라 계급 구조가 이루어진다는 마르크스주의의 생각에 동의한다. 그러나 이들은 소유를 소수의 특정 집단이 독점하고 권력으로 사용될 수 있는 여러 가지 '사회적 닫힘social closure'에 속하는 것으로 본다. 사회적 부르주아와 프롤레타리아 사이에서 애매한 사회적 지위를 가지는 집단. 애매한 사회적 지위는 생산의 어떤 측면에서는 통제력을 행사할 수 있지만 다른 측면에서는 통제력을 행사할 수 없는 위치에 있다. 사회적 분업에서는 세 가지 지위 집단이 모순적 위치에 존재하는 것으로 나타난다. 최고 경영자와 하급 관리자, 그리고 현장 감독은 부르주아지와 프롤레타리아트 사이에, 소규모 및 중간 규모의 자본가(고용인)는 부르주아지와 프티 부르주아지 사이에, 또 반자율적 임금 소득자(학자, 교수, 교사 등)는 프롤레타리아트와 프티 부르주아지 사이에 위치한다.

닫힘이란 특정한 자원에 대해 관계자만 접근해 사용할 수 있고 다른 사람들의 접근과 사용을 통제하는 과정이다. 그런데 이 사회적 닫힘을 결정하는 요소에는 경제적 재산뿐만 아니라 베버가 말한 인종, 성, 언어, 종교 등이 속한다.

사회적 닫힘에는 두 가지 형태의 과정이 있다. 하나는 '배제'이고, 다른 하나는 '획득(강제로 뺏는다는 의미를 담는다)'이다. 배제는 외부인이 자신들의 가치 있는 자원에 접근하지 못하도록 하는 전략이다. 예를 들면 명문 대학이 졸업생들의 사회적 특권을 유지하기 위해 성적이 낮은 학생들을 입학시키지 않는 것이다. 획득은 특권을 누리지 못하는 사람들이 다른 사람들이 독점하는 자원을 획득하려는 전략이다. 예컨대 누구나 명문 대학에서 공부할 수 있도록 현행 입시 제도를 뜯어고쳐야 한다고 투쟁하는 것이다.

이 두 가지 전략은 따로 행할 수도 있지만, 동시에 행할 수도 있다. 예를 들면 학점 교환제를 통해 명문대에서 일정 기간 공부할 수 있도록 하는 획득 전략을 취하는 동시에 학점 교환을 하는 대학에 다니는 학생 이외의 학생들은 배제하는 전략을 취할 수 있다. 이를 이중적 닫힘이라고 한다.

이중적 닫힘은 첫 번째 입장과 아주 비슷한 상황으로 중간 계급의 모순 상황을 나타낸다. 이 모순 상황은 중간 계층의 사람들이 자신보다 상위 계층에 있는 사람들을 대접하면서, 자신보다 하위 계층에 있는 이들을 무시하거나 상대하지 않으려는 것을 말한다.

신베버주의는 자본주의의 모순에 따라 나타나는 부르주아지와 프롤레타리아트 양대 계급의 갈등보다는 극심한 변혁을 거치지 않고 유연하게 사회 변화를 이루는, 계층 이동을 통한 사회 안정에 주안점을 두었다. 다시 말해 계급의 분화가 어떻게 긍정적으로 작동하는지에 관심을 기울였다. 그러나 신베버주의는 자본주의 사회가 발전할수록 노동자 계급의 삶이 점점 더 피폐해지는 원인과 그 원인을 해소할 대안에는 별로 관심이 없다.

계급 의식과 토대

불완전한 총체의 자본은 항상 '임금을 받는 노동'(임노동)을 전제로 해야 한다. 다시 말해 임노동은 자본의 전제이지 자본의 결과물이 아니다. 임노동 자체가 성립되려면 노동자의 자기 생산이 이루어져야 한다. 노동자는 임금을 받는 노동자와 임금을 받지 않는(비임금) 노동자가 있는데, 노동자의 자기 생산은 임금을 받지 않는 노동자에 속한다. 따라서 자본주의 사회의 관건은 노동자의 자기 생산이다. 노동자의 계급 의식은 바로 노동자의 자기 생산 과정에서 나타난다.

문제는 기존의 마르크스주의가 불완전한 총체의 자본을 완전한 총체로 바라보며, 이러한 관점이 모든 논의의 전제가 된다는 데 있다. 이렇게 되면 물질적 생산 영역의 경제적 토대는 자본의 자기 증식을 위한 상품 생산의 영역이 되고, 생산력은 자본의 생산력으로 변하게 된다. 그리고 생산관계는 자본의 자기 증식 목적을 위해 임노동을 수단으로 삼는 자본-임노동의 관계가 된다.

이러한 전제에서 토대를 단순히 생산력-생산관계로만 파악하게 되면 노동자 계급의 계급 의식이 어디서 어떻게 발생하는지 정확하게 알 수 없다. 이때 생산력-생산관계는 자본의 생산력-생산관계가 되기 때문이다.

경제결정론의 하나인 생산력주의는 자본주의가 "생산력이 더욱 발전하는 데 최적이거나 최적이라는 이유로 유지되며……현재로서는 생산력이 더욱 발전하는 데 최적"이라고 주장한다. 또 "생산력이 모든 역사에 걸쳐 발전하는 경향이 있다"는 견해에 따라 생산력이 자동으로 발전해 새로운 생산관계의 집합이 나타난다고 주장한다. 여기서 생산력이란 자본의 생산력을 의미하고 이 속에서 자본은 역사 발전의 주체로 나타나며, 노동자 계급의 계급 의식은 자본의 생산력 발전에 비례한다. 이때 나타나는 계급 의식은 엄밀히 말해 노동자 계급 자신의 계급 의식이 아니라 자본으로 생겨난 사물화된 즉자적 의식 수준을 벗어나지 못한다. 역사의 경험을 살펴보면 자본이 자신의 모순을 완화해나갈 때, 노동자 계급의 계급 의식은 사라졌다.

루카치, 그람시 등의 서구 마르크스주의에서도 경제결정론의 이런 생각이 논의의 전제가 된다. 서구 마르크스주의에서는 토대가 자본 운동의 경제적 영역이기 때문에 토대에서는 계급 의식이 나타날 수 없다고 간주된다. 그들은 계급 의식이 발생할 수 있는 장소로 상부 구조에 주목했고, 상부 구조를 토대의 단순한 반영이 아니라 독자 영역으로 바라보았다. 이때 노동자 계급의 존재는 토대에서 생겨나지만 계급 의식은 상부 구조에서 생긴다는 논리의 모순이 발생하게 된다. 그러므로 토대를 단순히 생산력-생산관계만으로 파악하는 것은 한계를 지닐 수밖에 없다.

토대는 노동자 자신이다. 노동자는 임금 노동의 노동자와 비임금 노동의 노동자라는 모순된 통일체다. 그러므로 토대는 이러한 모순의 통일체. 개별화되고 추상적으로 원자화된 노동자와 노동자 자신의 자기 생산을 통해 인간다운 삶을 누리려는 노동자와 모순되는 통일체. 자본주의 사회의 모순은 곧 노동자 자신의 이중성에서 나오는 모순이다. 하지만 노동자의 계급 의식은 노동자 계급 자신을 생산하는 비임금 노동자의 영역에서 나타날 수밖에 없으며, 자본을 생산하는 영역인 임금 노동자의 영역에서는 나타날 수 없다.

5 장

새로운 사회를 꿈꾸는 계급 이론

계급 투쟁의 물질적 조건—
노동자의 자기 생산

새로운 사회에 대한 열정

지금까지 계급과 관련된 논쟁들을 살펴보았다. 이 논쟁의 중심은 노동자 계급이 다른 모든 피지배 계급(또는 계층)을 아우르는 보편적인 계급으로서 자본주의 사회를 해체하고 인간다운 삶을 보장하는 새로운 사회를 이룩할 수 있는가 하는 것이다. 이 질문에 대해 두 가지 경향, 즉 자본주의를 해체해 새로운 사회를 이룩하려는 경향과 자본주의 사회 체제를 인정하고 거기에 순응하며 살아가려는 경향이 존재한다. 전자가 변혁적이라면 후자는 개량적이다. 여기서 어떤 관점을 선택할 것인지는 개인의 몫이다. 그런데 계급 이론의 발전 가능성은 후자보다는 전자의 입장을 취할 때 훨씬 더 크다. 이론의 발전은 새로운 사회에 대한 끊임없는 열정과 투지, 노력으로 이루어지기 때문이다. 여기서는 전자의 경향에 맞추어 논의를 펼쳐보려고 한다.

자본주의 사회의 노조의 한계

앞에서 살펴본 계급과 관련된 논쟁에서 자본주의가 근본적으로 변혁되지 못하는 것은 결국 노동자 계급이 계급 의식을 가지고 있지 못하며 또한 그 계급 의식을 보편화하지 못했기 때문이었다. 루카치의 말대로 노동자 계급은 자본이 주입한 '사물화된 의식', 곧 물질만능주의와 배금주의에 잠식된 의식에 얽매여 있다. 그렇다면 문제는 노동자 계급이 어떻게 사물화된 의식에서 벗어나 계급 의식을 가지는가 하는 것이다. 이는 얼핏 보면 아주 간단한 문제 같지만, 그리 간단하지가 않다.

노동자 계급에게 일방적으로 계급 의식을 주입할 수도 없거니와 그렇게 할 수 있다고 하더라도 그것은 이미 마르크스주의가 아니다. 알튀세르가 지적했듯이 자본가 계급의 이데올로기일 뿐이다. 노동자 계급 스스로 자신의 주체 의식인 계급 의식을 가질 수 있고 그 계급 의식을 보편화하고 현실화할 수 있는 동력과 구조가 어디에서 어떻게 발생하는지 잘 살펴봐야 한다. 현재 노동 운동의 기초는 노동조합 운동이다. 그런데 개별 형태로 뿔뿔이 흩어진 노동조합의 한계에서 노동조합 운동의 위기가 발생한다.

20세기 초 캐나다 토론토에서 열린 노동절 퍼레이드

노동자A (개별) = 노동조합(가) (다른 보편) = 자본 (보편)
노동자B
  ⋮   ⋮

현재 노동 운동과 노동조합과 노동자 대중, 자본 상황을 단순화하면 위와 같다. 여기에서 노동자는 처음에 자본가와 계약을 맺을 때 개별(한 사람의) 노동자로서 자본가와 일대일로 대면하게 된다. 자본가는 개별 노동자를 자기 마음대로 자신의 최대의 이익을 위해 일을 시키고자 하는데, 이때 노동자들의 저항이 발생한다. 예를 들어서 백성(노동자 대중)은 자신들의 생존을 쥐락펴락하는 왕과 같은 존재(보편)인 자본가에 대항할 잔 다르크(다른 보편) 같은 노동조합을 결성해 투쟁해 나가고자 한다. 그러나 이 노동조합은 보편적이기는 하지만 개별 자본(예를 들면 프랑스 국왕을 뺀 영국 국왕 한 명)에 대항하는 개별적인 노동조합(예를 들면 잔 다르크)이기 때문에 프랑스 국왕과 영국 국왕이 결탁해 잔 다르크가 화형을 당했던 것처럼 자본가들의 결탁으로 자멸하거나 자본가에게 굴복할 수밖에 없다. 이 노동조합은 자신의 근거가 개별적인 노동자 개인에 뿌리를 두기 때문에 개인의 생존권 문제에 집중하는 경제주의(단순히 임금만 높이는 것을 최고의 가치로 여기는 주의)의 한계를 지닐 수밖에 없다. 이러한 경제주의로 인해 노동조합은 고립된 섬이자, 참호로서 자본가에게 포위되어 자멸하거나 자본가에 투항할 수밖에 없다. 이런 이유 때문에 노

산별 노조와 업종 노조

산별 노조란 직종과 계층에 관계없이 기업을 초월해 동일한 산업에 종사하는 모든 노동자가 하나의 노동조합을 구성하는 조직 형태이며, 업종 노조란 같은 직종(업종)에 종사하는 모든 노동자가 하나의 노동조합을 구성하는 조직 형태를 말한다. 가령 자동차 업계와 조선 업계의 노동자들이 전국자동차노조, 전국조선노조를 만들면 이는 업종 노조이며, 이들 업종을 통괄할 수 있는 금속 관련 산업 종사자들이 전국금속노조를 만들면 산별 노조이다. 업종 노조보다 산별 노조의 규모가 크다.

동조합의 연대를 강조하거나, 개별 노조를 거대한 단위로 묶는 산별 노조나 업종 노조를 만들고, 산별 노조나 업종 노조를 전국 단위의 노조 연맹으로 묶으려 한다. 그러나 그 밑바탕에는 자신의 노동력을 자본에 팔아야만, 즉 취직을 해야 먹고살 수 있는 개별 노동자가 있다. 결국 자본가의 포위 공격이 있을 때 연대는 고사하고 각 노조의 투쟁 전선마저 무너져버리기 일쑤다.

고립된 참호로 자본가에 맞서는 싸움은 당연히 패배할 수밖에 없다. 고립된 참호들을 유기적으로 묶을 수 있는 노동자 계급의 진지가 필요하다. 가령 축구 경기에서 공격수나 수비수가 자기 영역에서만 공격하고 수비한다면 그 경기는 백전백패일 수밖에 없다. 노동자 계급의 상황이 바로 축구 경기와 같다. 어떻게 하면 고립된 참호와 섬에서 노동조합을 유기적으로 묶고 자본의 전방위적 공격에 맞서 엄호하고 지원할 진지를 마련할 수 있을까? 결국 이 문제는 이러한 물음에 도달할 수밖에 없다. '어떻게 노동자 대중이 혼자서만 자신의 생존을 책임지는 것이 아니라 모두가 생존을 책임지게 할 것인가? 계급 의식을 지닌 계급 주체가 되는 노동자를 만들 것인가?' 이에 대한 실마리를 얻으려면 먹고사는 문제를 혼자 해결할 수밖에 없는 개별화된 노동자에 대한 분석이 필요하다. 자본가의 엄청난 이익은 개별화된 노동자의 노동에 근거하고 있기 때문이다.

KTX 여승무원들이 부당 해고에 맞서 시위하는 모습 ⓒ 프레시안 여정민

고립된 참호로 자본가에 맞서는 싸움은 당연히 패배할 수밖에 없다. 고립된 참호들을 유기적으로 묶을 수 있는 노동자 계급의 진지가 필요하다. 어떻게 하면 고립된 참호와 섬에서 노동조합을 유기적으로 묶고 자본의 전방위적 공격에 맞서 엄호하고 지원할 진지를 마련할 수 있을까? 어떻게 노동자 대중이 혼자서만 자신의 생존을 책임지는 것이 아니라 모두가 생존을 책임지게 할 것인가?

주체이자 수단, 노동자의 이중성

개별화된 노동자는 이중적인 면이 있다. 이 노동자는 임금을 가지고 '인간으로' 살아가는 데 필요한 물품을 사고 소비하여 자신의 삶을 주체적으로 이끌어가려는 면이 있다. 그런데 주체적 삶을 위한 물품을 얻으려면 자신의 노동이 자본가의 이익을 만들어내는 수단으로 쓰여야 한다.

노동자 계급의 진지를 형성할 수 있는 싹은 앞에서 언급한 자본주의를 해체해 새로운 사회를 이루려는 전자의 측면에 있다. 이는 노동자 계급이 자본가에게 지배당하지 않고 인간답게 살수 있는 주체의 요건이다. 노동자 계급을 계급으로서 형성하고 동시에 계급 의식을 가지게 하는 싹이 된다. 이 측면이 발전하고 전개될 때 계급 투쟁이 발생하게 된다. 이 계급 투쟁은 이중적인 면에서 나타나는 모순의 갈등과 투쟁이며, 인간다운 삶에 대한 책임을 적대적 경쟁 관계에 있는 '개별적' 개인에게만 지우는 것이 아니라 연대와 우애, 협력 관계에 있는 '사회적' 개인이 되기 위한 투쟁이다. 또 신문, TV 등에서 볼 수 있는 자본가-노동자 간의 투쟁으로 나타난다.

노동자가 주체가 될 수 있는 계기는 자신의 삶을 주체적으로 기획하고 그렇게 살고자 하는 노동자의 측면에 있다. 이러한 측면은 '노동자의 자기 생산'을 뜻한다. 노동자의 자기 생산은 사

마르크스는 인간의 모든 노동이 사회적 관계 속에서
이루어지므로 이 인간의 노동을 '사회적' 노동이라고
말한다. 마르크스는 자본을 위한 수단으로서의 개별
적(사적) 노동과 대비시키기 위해 이 개념을 쓴다.

회적 개인을 지향하는 노동자 계급 자신을 조직화하는 실천 활
동Praxis이다. 이러한 실천 활동은 자신의 노동력을 자본가를 위
하여 소비하는 것이 아니라 자기 자신의 삶을 위하여 소비하는
활동이다. 또한 자본가의 이익을 위한 수단의 '개별적' 노동이
아니라 노동자 자신을 삶의 주체로 만드는 '사회적' 노동이다.
이 노동은 이른바 일을 하지 않는 '자유 시간'에 이루어지는 돈
안 되는 짓이라고 생각되는 모든 활동을 일컫는다. 이 사회적 노
동은 자본가의 자본을 만들어내는 전제이면서도 어떠한 부가가
치도 덧붙이지 못하는 죽은 노동의 자본에 대립해서 부가가치를
덧붙이는 살아 있는 노동이다.

자본은 노동자 계급의 사회적 노동의 결과물인데 거꾸로 이
결과물은 노동자 계급을 지배하는 소외의 형태로 나타난다. 사
회적 노동이 없으면 자본이 생길 수 없기 때문에 사회적 노동의
주체인 노동자 계급은 의식적인 공동 행위 속에서 자신들을 지
배하는 '자본의 독재'를 해체하고, 노동자 계급 자신이 만들어낸
부(자본)와 노동을 공동으로 획득할 수 있어야 한다. 자본의 독재
를 해체할 수 있는 가능성의 조건을 마르크스는 《자본론》의 마지
막 장인 〈계급 투쟁〉에서 밝히고 있다. 바로 노동자들의 투쟁이
자본주의 생산 양식을 뒤엎는 물질적 조건이 된다.

그런데 이 물질적 조건은 자본주의 사회에서 적대적 경쟁 관
계에 있는 생산자, 즉 노동자들 자신의 사회적 관계를 연대와 우

애, 협력이라는 공동 목적을 함께 만들어갈 때에만 가능하다. 다시 말하자면 이 물질적 조건은 자본가가 최대의 이익을 뽑아내려는 자본의 생산 과정에서 생겨나는 것이 아니라 노동자의 자기 생산 과정에서 만들어진다. 계급 투쟁은 노동자의 자기 생산이 이루어지는 곳에서부터 생겨나고, 계급 의식도 마찬가지다.

상호 모순적으로 통일되어 있는
자본주의 경제 영역의 두 계기

공장 안과 공장 밖

자본주의 체제에서 경제적 영역은 자본가가 최대의 이익을 뽑아
내려는 계기와 노동자 계급이 자기 자신을 생산하는 계기로 구
성되어 있다. 우리는 전자의 장소를 '공장 안'으로, 후자의 장소
를 '공장 밖'으로 구분할 수 있다. '공장 안'에서는 계급 의식이
형성될 수 없다. 계급 의식이 형성되는 장소는 바로 자기 자신을
생산하는 노동자, 즉 비임노동자의 영역인 '공장 밖'이다.

'공장 안'은 억압과 착취와 강제가 이루어지는 곳이다. 여기서
는 자본의 이익 창출이 최고의 가치이며, 이 가치를 위해 노동자
의 생존권을 쥐락펴락하면서 노동자에게 엄청난 노동을 강요한
다. 반면 '공장 밖'은 우애와 협력, 그리고 동의와 연대가 이루어
지는 곳이다. 노동자의 자기 생산은 자유로이 연대하는 개인들
로 하여금 끊임없는 협력과 연대를 요구한다. '공장 밖'에서 노

동자 계급의 자기 생산은 '사회적 인간으로서 소질을 계발' 하는
데 있다. 이는 '소질과 관계의 풍요로움' 을 통해 서로 도움을 주
고받으며 인간다운 삶을 실현하는 일이다.

노동자 가족 ─ 노동자 계급의 자기 생산의 교두보

자본주의 사회에서 노동자 계급의 자기 생산의 기본 장소는 '노
동자 계급 가족' 이다. 인간의 자기 생산은 노동을 통해 이루어진
다. 노동은 인간 자신의 삶을 생산할 뿐만 아니라 다른 인간을
만들어내고 번식시키는 이중의 관계를 포함한다. 그리고 이러한
이중 관계가 이루어지는 장소는 가족이다. 가족은 자본주의 사
회에서 인간이 처음으로 맺는 사회적 관계이기도 하다. 따라서
가족은 노동하는 인간이 자기 자신의 생산과 타인의 생산을 통
해 사회적 관계를 맺고, 최초로 자기가 누구인지를 의식하는 장
소이다.

자본주의의 개별적 가족은 노동자 계급 의식이 사회 전체에
널리 퍼져 나가는 것을 가로막는 역할을 한다. 이는 가족의 형태
를 핵가족 형태로 만들고 그 결과는 자기 가족 중심주의(가족 이
기주의)로 나타난다. 이런 가족 중심주의는 가족 임금제(오늘날과
같은 가족 수당제의 전신)를 통해 더욱 견고해진다. 가족 임금제는
안정적인 노동력을 확보하려는 자본가들의 전략이기도 하다. 자

노동자 계급의 가족은 적어도 자본주의 체제에 대항하는 일종의 방어 시스템이다. 노동자 계급 가족은 노동자 계급과 계급 의식이 발생할 수 있는 씨앗을 스스로 가지고 있다.

본은 가족 임금제를 통해 이전에 일하던 여성과 아이들의 일자리를 빼앗아 그들을 산업 예비군으로 만들었고, 의식주뿐만 아니라 살아가는 데 필요한 모든 비용을 가족에게 떠넘겼다. 안정된 가족이라는 이데올로기와 환상은 노동자 계급이 가족을 최우선 순위에 놓게 했다.

그럼에도 가족은 노동자 계급에게 중요하다. 노동자 계급이 가족을 유지하고 굳건하게 만든 실질적인 이유는 노동자 계급의 자기 재생산과 새로운 생산이라는 노동자 계급 자체의 필요 때문이었다. 또 국가 기관에 의지하지 않고 노인과 환자와 어린이를 부양할 수 있기 때문이었다. 노동자 계급의 가족은 적어도 자본주의 체제에 대항하는 일종의 방어 시스템이다. 노동자 계급 가족은 노동자 계급과 계급 의식이 발생할 수 있는 씨앗을 스스로 가지고 있다.

이처럼 가족은 임금 노동자와 비임금 노동자의 이중적 측면이 적대적으로 대립하는 기본 장소이다. 다시 말해 가족은 자본의 생산과 관련된 영역에서 적대적 경쟁 관계에 있는 개인이 노동자 대중과 연대하고 협력하며 현실적인 인간으로서 계급 의식을 인식하는 최초의 장소이다. 곧 계급 투쟁을 스스로 담지하는 곳이다.

주체로서의 계급 형성의 출발점—
여성주의 문제의식의 공유

가사 노동과 계급 의식의 싹

노동자의 자기 생산은 자본을 위한 생산 노동과는 다른 별개의 노동이다. 이 노동은 가족 내에서 가사 노동(또는 돌봄 노동)을 바탕으로 현실화되어 나타난다. 자본주의 사회에서 비임금 노동자로서 자신을 생산하는 측면은 바로 가사 노동으로 가능하다.

가사 노동은 노동자의 자기 생산을 위한 사용 가치(인간으로서 살아가는 데 필요한 물품)와 그 사용 가치와 결합될 노동력(노동할 수 있는 능력)이라는 자원을 적절하게 배분하는 계획 경제의 성격을 지닌다. 노동자 계급 가족의 자원은 한정적이다. 가족 구성원들은 서로 동의하에 능력과 필요에 따라 배분하고 배분받는다. 가령 아버지의 월급으로 어머니는 집안 살림에 들어가는 비용을 계산해서 지출한다. 이때 자원은 자본과 달리 가족 구성원 어느 누가 사적으로 소유하지 않는다.

산업혁명 이후 자본주의와 가부장제의 은밀한 거래에 의해 인간의 삶은 공적 영역과 사적 영역으로 이분화되고 여성은 사적 영역으로 밀려났다. 가정에서 여성은 남성이 수행하는 공적 영역의 생산이 원활히 돌아가도록 돕는 '재생산 역할' 을 하도록 교육되었다. 남성의 노동력을 충전하고 잠재적 노동자인 아이를 낳고 양육하는 여성의 노동은 본래 해야만 하는 당연한 것으로, 노동답지 못한 노동으로 여겼다. 오늘날에는 이 노동을 돌봄 노동이라고도 하며, 인간을 생산하는 기초로 재평가받고 있다.

임금과 교환된 사용 가치와 그 사용 가치의 소비를 통해 자기 생산을 하는 노동력은 가족 구성원의 공동 소유다. 예컨대 아버지가 회사에서 진급하거나 자식들이 학교에서 공부를 잘하는 것은 아버지만 또는 자식만 누리는 기쁨이 아니라 가족 전체가 누리는 기쁨이 된다. 이런 사용 가치와 노동력은 가족 구성원의 관계에서 볼 때 사적이고 개별적인 것이 아니라 사회적이며, 가족 구성원의 관계 또한 사회적인 것이 된다. 공동 소유를 바탕으로 가사 노동은 현실 상황에 따라 자원을 배분한다. 그 자원의 배분은 가족 구성원의 동의에 기초하는 것이지, 가사 노동 담당자의 독단적 결정에 따르는 것이 아니다.

여성의 가사 노동 해방에서 출발하라

노동자 계급이 자본에 대항해 새로운 사회를 열어갈 진지를 구축하려면 가족 구성원이 가사 노동을 어머니 또는 여성에게만 떠넘겨서는 안 되며 가사 노동을 사회적으로 재조직해야 한다. 이는 인간의 유적 보편성을 지향하면서 노동자가 계급 의식을 끊임없이 획득하고 시민 사회에 대한 헤게모니를 장악하는 필요충분조건이다.

노동자 계급의 계급 투쟁을 위한 동력은 계급 의식을 끊임없이 고취해나가는 과정에서 나오며, 그리고 이 계급 의식은 노동

보육 노동의 조건 개선을 요구하는 전국보육노동조합 조합원들. 이들의 요구를 실현하기 위해서도 가사 노동의 가치가 제대로 평가받아야 한다

가사 노동은 인간으로서 살아가는 데 필요한 물품과 노동력이라는 자원을 적절하게 배분하는 계획 경제의 성격을 지닌다. 노동자 계급이 자본에 대항해 새로운 사회를 열어갈 진지를 구축하려면 가족 구성원이 가사 노동을 어머니 또는 여성에게만 떠넘겨서는 안 되며 가사 노동을 사회적으로 재조직해야 한다. 이는 인간의 유적 보편성을 지향하면서 노동자가 계급 의식을 끊임없이 획득하고 시민 사회에 대한 헤게모니를 장악하는 필요충분조건이다.

가사 노동의 사회화
자본주의의 성별 분업화에 따라 가사 노동을 가족 내
여성 개인의 몫으로 남기는 것이 아니라 연대와 우애,
협력에 기초한 인간관계를 만들기 위해 가사 노동을
사회 전체의 공공 업무로 재조직하고 재편성하는 것
을 말한다.

자의 자기 생산으로부터 획득된다. 노동자의 자기 생산의 진지
가 견고하지 못하면 노동자 대중은 개별적 개인이 되어 자본에
게 자신의 생존을 내맡겨 적대적인 경쟁 관계에 들어가게 된다.

흔히 현장 노동자의 반자본 투쟁의 동력을 어떻게 만들어야
하는가의 문제는 노동자의 자기 생산과 떼려야 뗄 수 없는 관계
에 있다. 그리고 노동자의 자기 생산은 가사 노동의 사회화에 달
려 있다. 노동자 계급이 자기 생산을 통한 계급 의식의 공간을
확보하고 계급 투쟁의 진지를 마련하는 출발점은 여성의 가사
노동 해방이다. 그렇다고 해서 자본의 측면에서 공적이고 사회
적인 것, 즉 상품화를 의미하는 것은 아니다. 여성의 가사 노동
은 가족 구성원이 서로 인간답게 살 수 있는 관계를 가능하게 만
들기 때문에 자본과 정반대의 지향점을 갖는다. 가사 노동은 노
동자 계급이 자기 생산을 통해 헤게모니를 구체화하도록 해야
한다.

여성의 가사 노동 해방은 노동자의 자기 생산인 가사 노동을
사회화하는 일이다. 이 사회화로 여성은 개별적이고 사적인 가
사 노동 담당자에서 새로운 사회적 인간으로 탈바꿈한다. 이 탈
바꿈은 새로운 인간관계를 요구한다. 새로운 인간관계는 노동자
계급이 계급 의식을 보편화하고 현실화할 진지를 마련하게 함으
로써 헤게모니를 장악할 수 있게 한다.

그러나 이러한 논의에도 아쉬움과 한계는 남는다. 계급에 대

여성 해방에 대한 문제의식을 공유하지 않는 한 계급론은 의미가 없다. 일상생활에서 맞닥뜨리는 모든 가부장제에 대한 문제 제기와 투쟁이 곧바로 계급 투쟁의 출발점임을 깨달아야 한다.

한 논의가 구체적이고 현실적인 설득력을 가지려면 그람시를 좀 더 깊이 이해할 필요가 있다. 특히 지식인과 관련한 문화, 교육 문제, 전략 전술과 관련된 문제, 더 나아가 당黨의 문제를 깊이 있게 다루어야 한다. 이러한 문제를 함께 논의해야만 노동자 계급의 헤게모니 문제, 계급 의식의 보편화 문제를 훨씬 구체적이고 풍부한 내용으로 다룰 수 있을 것이다. 페미니즘 문제도 마찬가지다. 여성 해방에 대한 문제의식을 공유하지 않는 한 계급론은 의미가 없다. 일상생활에서 맞닥뜨리는 모든 가부장제에 대한 문제 제기와 투쟁이 곧바로 계급 투쟁의 출발점임을 깨달아야 한다.

자본주의 사회의 잉여 노동력

■ 가족 : 전형적인 부르주아 가족 형태로 남녀 사이의 불평등한 물질적(경제적) 관계에 기반을 두고 있다. 남성이 경제의 전권을 쥐고 있는 반면, 여성은 경제적으로 독립할 수 있는 물질적 기초가 전혀 없다. 그래서 핵가족 구조 안에서 여성은 남성에게 자신의 생존을 의탁하게 되고, 그 조건으로 남성에게 돌봄 노동을 제공한다. 이러한 가족 형태는 노동자 계급 전체에 전파되었으며, 노동자 계급의 자기 생산은 여성에 대한 남성의 착취에 근거하고 불평등한 남녀 관계가 은폐되어 있는 여성의 돌봄 노동으로 이루어진다.

핵가족 형태 안에서 남녀 불평등은 남성과 여성의 임금 불평등으로 이어지며, 여성은 본래 남성보다 능력이 떨어진다고 하는 무지한 편견을 만들어낸다. 이러한 임금의 차별과 편견은 여성의 임금을 깎아내리는 요인이 되고, 여성은 산업 예비군에 편입된다.

■ 산업 예비군 : 자본주의적 산업에서 기계의 도입과 생산 기술의 발달로 직업을 잃거나 구하지 못한 노동자들을 일컫는다. 이들은 자본의 노동력 수요에 항상 적절하게 대응하도록 형성된 상대적 노동 과잉 인구다. 이들은 일자리를 상대적으로 줄이는 기술 진보가 만들어낸 자본주의의 인구 법칙의 영향 아래서 작동한다. 기술 진보는 생산 수단에 지출된 불변 자본이 노동력 구매에 지출된 가변 자본보다 더 빠르게 증가하도록 만든다. 그 결과 산업 예비군은 증가하게 되고 이는 노동 강도의 증대와 여성 노동의 증가로 이어진다.

공황이 자주 발생하고 지속될 때 산업 예비군은 지속적으로 증가한다. 산업 예비군의 증가는 자본주의 사회에서 실제 권리를 무시당하면서 자본주의를 떠받치는 지주(노동자)를 침식하는 중요한 사회적 요인이다. 산업 예비군은 '유동적 산업 예비군',

'잠재적 산업 예비군', '정체적 산업 예비군'이라는 세 가지 형태로 존재한다.

유동적 산업 예비군의 노동자들은 때로는 근대 산업의 중심부에 편입되고 때로는 밀려난다. 이는 근대 산업이 숙련 노동자를 미숙련 노동자로, 남성 노동자를 여성 노동자로, 성인 노동을 아동 노동으로 대체하는 경향이 있다는 주장과 연결된다. 잠재적 산업 예비군은 자본주의적 농업 방식이 도입됨에 따라 농토에서 추방된 농업 인구 가운데 존재한다. 마지막으로 정체적 산업 예비군은 가내 공업 등에 비정규직으로 고용된 노동자들로 구성되는데, 그 구성원은 근대 산업과 농업에 임시로 고용되었던 사람들에서 충원된다.

■ 페미니즘의 문제의식 : 자본에 대항할 수 있는 계급 의식이 생겨나는 영역은 '노동자의 자기 생산' 영역이다. 그런데 이 영역은 자본-노동 사이의 착취와 억압처럼 남성-여성 사이의 착취와 억압이라는 내적 모순을 갖는다.

성별 분업화된 자본주의 사회에서 가사 노동이 개별적인 여성의 몫으로 남게 될 때, 노동자의 자기 생산은 가사 노동의 착취 구조로 이루어질 수밖에 없다. 이렇게 생산된 노동자의 노동력은 다시금 자본의 착취 구조로 편입된다. 이는 가사 노동(개별) = 노동자의 임금(사용 가치)(보편) = 자본(보편)의 등식으로 성립될 수 있으며, 가사 노동(개별) → 노동자의 임금(사용 가치)(보편) → 자본(보편)이라는 먹이사슬 구조로 바뀌어 나타난다. 이런 구조에서 노동자 계급의 계급 투쟁은 그 자체로 비민주적인 착취 구조를 띤다. 이 구조에 주목하고 이것을 근본적으로 바꾸어야 한다는 것이 바로 페미니즘의 문제의식이다.

● 개념의 연표-계급

- 기원전 451 | **12표법 제정**
  호민관으로 하여금 평민의 권리를 대표하도록 하다

- 기원전 429 | **플라톤, 《국가론》 저술**
  그리스에서 이상적이고 도덕적인 귀족정 체제의 이론 틀 정립

- 기원전 370 | **플라톤, 아카데메이아 창설**
  지배 계급 청년을 교육하기 위한 학교

- 기원전 343~328년경 | **아리스토텔레스, 《정치학》 저술**
  중산 계급을 중심으로 한 통치 주장

- 212 | **안토니우스 칙령 공포**
  로마 제국의 영토에 사는 모든 자유민에게 로마 시민권 부여

- 1500 | **로마 교황청 면죄부 판매**
  피지배 계급에 대한 억압과 착취가 극에 달했음을 보여주다

- 1516 | **모어, 《유토피아》 저술**
  영국 사회의 정치적 · 경제적 모순을 비판하고 계급 없는 사회를 꿈꾸다

- 1517 | **루터, 《95개 조 논제》 발표**
  로마 교황청의 면죄부 판매 비판

- 1525 | **뮌처, 독일 농민 혁명 이끌다 사형당하다**
  원시 기독교의 평등주의를 실현하려던 농민의 시도 실패

- 1532 | **마키아벨리, 《군주론》 저술**
  플라톤과 반대되는 비도덕적인 현실적인 통치론

- 1651 | **홉스, 《리바이어던》**
  근대 사회를 새로운 계급 사회로 보지 않고 계급이 폐지된, 만인에 대한 만인의 투쟁의 사회로 보다

- 1677 | **스피노자, 《정치학》**
  홉스의 사회 계약론을 넘어서서 새로운 민주정을 꿈꾸다

- 1689 | **영국 권리장전**
  영국의 절대주의를 종결시킨 의회 정치의 기초

- 1700년대 중엽 | **산업혁명**
  자본주의 생산 방식을 대량 생산 방식으로 바꾼 역사적 계기

- 1762 | **루소, 〈사회계약론〉**
  소농에 의한 직접 민주주의 주장

- 1775 | **미국 독립전쟁**
  영국의 중상주의 정책과 무자비한 식민 정책에 반대

- 1776 | **애덤 스미스, 〈국부론〉**
  노동이 국가의 부의 원천임을 명시

- 1789 | **프랑스 대혁명 시작**
  봉건 제도를 타파하고 자유롭고 평등한 사회를 만들기 위한 시민 혁명의 전범

- 1811~1817 | **러다이트(기계 파괴) 운동**
  산업혁명으로 인한 경제 불황, 임금 하락, 고용 감소, 실업자 증가에 대한 노동자의 저항

- 1816 | **로버트 오언, 농업과 공업을 결합한 이상적 공업촌 제안**
  오언은 영국의 공상적 사회주의자

- 1825 | **생시몽, 〈새로운 그리스도교〉**
  산업과 사회의 과학적 조직화와 함께 인간의 형제애가 실현되어야 한다고 주장

- 1830 | **프랑스 7월 혁명**
  부르주아 계급에 기초를 둔 정권 탄생

- 1835 | **토크빌, 〈미국의 민주주의〉**
  근대 민주주의 사회로의 이행을 필연적 현상으로 파악하고 그 부정적 영향인 개인주의나 정치적 무관심 등에 대해서도 언급

- 1841 | **포이어바흐, 〈기독교의 본질〉**
  기독교 비판을 통해 휴머니즘의 실현(인간 해방) 지향

- 1845 | **엥겔스, 〈영국 노동자 계급의 상태〉**
  가장 선진적인 자본주의 국가인 영국의 노동자 계급 상황을 토대로 자본주의 사회의 모순을 날카롭게 분석

- 1848 | **마르크스, 〈공산당 선언〉**
  노동자 계급이 인간으로서 자신의 삶을 어떻게 개척해나갈 것인지를 밝히다

- 1848 | **독일 3월 혁명**
  1848년의 프랑스 시민 혁명에 영향을 받아 일어난 시민 혁명으로 실패하다

- 1859 | **밀, 〈자유론〉**
  자본주의 사회의 자유를 사적 소유를 기초로 설명

●—— 계급

- 1863 | 링컨, 노예 해방 선언
  흑인을 자본주의 사회의 노동자 계급으로 만든 역사적인 사건

- 1867 | 마르크스, 《자본론》
  자본주의 생산 양식의 생리적 구조와 모순을 밝힘으로써 새로운 사회 예비

- 1872 | 예링, 《권리를 위한 투쟁》
  "법률의 목적은 평화이며, 이에 도달하는 수단은 투쟁이다."

- 1873 | 바쿠닌, 《국가와 무정부》
  개인의 자유와 창의성을 방해하는 국가는 모두 소멸되어야 한다고 주장

- 1878 | 니체, 《인간적인 너무도 인간적인》
  위대한 창조자 천재를 문화의 이상으로 삼아 새로운 가치 전환을 시도했으나 엘리
  트주의 시각을 벗어나지 못한 한계 노출

- 1898~99 | 로자 룩셈부르크, 《사회 개혁이냐 혁명이냐》
  노동조합 투쟁, 의회주의적 투쟁 같은 제도권 투쟁으로는 자본주의를 해체할 수 없
  다고 주장

- 1902 | 레닌, 《무엇을 할 것인가》
  경제주의자들을 비판하고 공산당의 이데올로기·정치 투쟁이 중요하다고 주장

- 1904 | 러일 전쟁 발발(~1905)
  아시아에서 벌어진 제국주의들 간의 식민지 쟁탈 전쟁

- 1905 | 베버, 《프로테스탄티즘의 윤리와 자본주의 정신》
  프로테스탄티즘과 자본주의의 관련성을 날카롭게 분석

- 1905 | 러시아 피의 일요일
  노동자를 비롯한 시민들의 평화 행진에 차르의 경찰과 군대가 가혹한 살상을 벌인
  사건으로 러시아 1차 혁명의 도화선

- 1908 | 잭 런던, 《강철군화》
  마르크스의 《자본론》을 기초로 자본주의 정치 권력의 형태 묘사. '소설 자본론' 또
  는 '소설로 배우는 정치경제학 교과서'

- 1914 | 1차 세계대전 발발(~1918)
  서구에 닥친 경제 공황을 폭력적으로 극복하기 위해 서구 제국주의들이 벌인 식민
  지 쟁탈 전쟁

- 1917 | 러시아 10월 혁명
  마르크스주의를 바탕으로 사회주의 사회 건설 시도한 평온한 혁명

- 1922 | 소련 성립
  10월 혁명으로 제정국가 붕괴 후 성립된 첫 사회주의 연방 국가

- 1923 | **루카치, 《역사와 계급 의식》**
  20세기 후반까지 공산주의 이념가들에게 주요한 텍스트가 된 저작

- 1925 | **5·30 사건**
  상하이의 일본인 공장에서 파업 중인 노동자 대표들이 회사 경영진에게 폭행당하다

- 1925 | **트로츠키, 《사회주의로인가, 자본주의로인가》**
  세계 시장을 이용한 사회주의 건설 주장

- 1926~37 | **그람시, 《옥중수고》**
  마르크스주의 계급 투쟁의 지평과 논의를 한 단계 끌어올리다

- 1929 | **뉴욕의 주가 대폭락으로 세계 대공황 시작**
  만성적 과잉 생산과 실업자 증대로 미국뿐만 아니라 전 세계 자본주의 국가가 모두 대공황에 휩쓸렸으며, 2차 세계대전의 도화선이 되다

- 1933 | **뉴딜 정책 실시**
  대공황에서 벗어나기 위한 미국 루스벨트 대통령의 정책으로 별 효력을 거두지 못했다

- 1939 | **스타인벡, 《분노의 포도》**
  1930년대 세계 대공황으로 인한 미국 농업 노동자의 비참한 삶 묘사

- 1939 | **2차 세계대전 시작**
  표면적으로는 독일의 폴란드 침공으로 일어난 전쟁, 본질적으로는 세계 대공황으로 인한 두 번째 세계 전쟁

- 1942 | **슘페터, 《자본주의·사회주의·민주주의》**
  자본주의는 경제적 요인이 아니라 훌륭한 여러 요인들로 인해 붕괴할 것이므로 마르크스주의는 틀렸다고 주장

- 1949 | **조지 오웰, 《1984》**
  전체주의의 엄청난 위험성 경고

- 1949 | **중화인민공화국 성립**
  이를 계기로 세계 정치 세력 간 관계 변화

- 1962 | **홉스봄, 《혁명의 시대》**
  세계 자본주의의 형성을 다루다

- 1965 | **알튀세르, 《마르크스를 위하여》·《자본론을 읽는다》**
  마르크스를 헤겔과 단절시키고 과학적·구조주의적 관점에서 다시 살리려 시도

- 1972 | **들뢰즈·가타리, 《앙띠 오이디푸스》**
  비파시즘을 일상화하기 위해 모든 측면에서 권력과 사랑에 빠지지 말 것을 주장

- 1975 | **홉스봄, 《자본의 시대》**
  세계 자본주의의 발전을 다루다

—— 계급

- 1977 | **가타리, 《분자혁명》**
  소수자 되기, 여성 되기를 통해서 파시즘적 계급 사회에 균열을 내야 한다고 주장

- 1979 | **브로델, 《물질문명과 자본주의》**
  시장 경제와 자본주의의 특성이 서로 다르다고 주장

- 1982 | **라라인, 《마르크스주의와 이데올로기》**
  이데올로기의 본질 파악을 통해 계급 투쟁이 나아갈 바 모색

- 1983 | **페리 앤더슨, 《역사유물론의 궤적》**
  새로운 사회에 대한 운동과 관련해 역사유물론을 다시금 일으켜 세우려 하다

- 1985 | **고르바초프, 페레스트로이카 추진**
  사회주의 개혁이 아니라 사회주의 붕괴를 촉발한 원인

- 1987 | **홉스봄, 《제국의 시대》**
  1차 세계대전이 일어남과 동시에 나타난 자본주의의 파국을 다루다

- 1989 | **린지 저먼, 《성 계급 사회주의》**
  여성 억압은 자본의 노동에 대한 억압과 불가분의 관계에 있다고 주장

- 1989 | **베를린 장벽 붕괴**
  소련을 위시한 동구 사회주의권의 붕괴를 가속화한 사건

- 1989 | **프랜시스 후쿠야마, 《역사의 종말》**
  자본주의 체제가 인류 역사에서 마지막 사회 체제라고 주장

- 1989 | **크리스 하먼, 《신자유주의 경제학 비판》**
  자본주의 경제의 폐단을 명쾌하고 풍부하게 설명

- 1991 | **걸프전 발발**
  미국이 쌍둥이 적자 해결과 중동 석유 이권을 위해 벌인 이라크 침략 전쟁

- 1992 | **소비에트 연방 해체**
  소련을 비롯한 거의 대부분의 현실 사회주의권 붕괴

- 1992 | **마이클 리보위츠, 《자본론을 넘어서》**
  노동자들의 점증하는 사회적·역사적 욕구의 관점에 입각한 '노동자 계급의 정치
  경제학'이 필요함을 역설

- 1999 | **하워드 진, 《마르크스 뉴욕에 가다》**
  마르크스가 오늘날의 현실에 맞춰 자신의 삶과 정치사상을 열정적으로 옹호

- 1999 | **크리시스, 《노동을 거부하라》**
  노동을 자본과 연계시키지 않고 계급 투쟁의 개량적 특성을 탈피함으로써 노동을
  비판하고 노동을 삶 속으로 재통합하자고 주장

- 2000 | **벨 훅스, 〈계급에 대해 말하지 않기〉**
  페미니즘의 문제의식이 계급에 대한 문제의식과 불가분의 관계에 있음을 주장

- 2002 | **제프 일리, 〈더 레프트 1848~2000 — 미완의 기획, 유럽 좌파의 역사〉**
  자본주의와 공산주의 시각 모두에서 거리를 두고 유럽 좌파의 역사를 객관적이고
  냉철하게 재구성

- 2003 | **비버리 J. 실버, 〈노동의 힘〉**
  미래의 노동자 계급 운동을 위해 20세기 노동 운동의 장기 동학 분석

- 2006 | **알렉스 캘리니코스, 〈비판의 자원〉**
  진보라는 개념을 새롭게 규정

- 2006 | **마이클 리보위츠, 〈지금 건설하라 21세기 사회주의〉**
  베네수엘라의 차베스 정부와 볼리바리안 혁명이라는 새로운 실험을 마르크스주의
  의 관점에서 분석

Vita Activa '비타 악티바'는 '실천하는 삶'이라는 뜻의 라틴어입니다. 사회의 역사와 조응해온 개념의 역사를 살펴봄으로써 우리의 주체적인 삶과 실천의 방향을 모색하고자 합니다.

비타 악티바 04
계급

펴낸날	초판 1쇄 2008년 12월 5일
	초판 4쇄 2017년 5월 20일

지은이	이재유
펴낸이	김현태
펴낸곳	책세상

주소	서울시 종로구 경희궁길 33 내자빌딩 3층(03176)
전화	704-1251(영업부) 3273-1333(편집부)
팩스	719-1258
이메일	bkworld@bkworld.co.kr
홈페이지	www.bkworld.co.kr
등록	1975. 5. 21 제1-517호

ISBN	978-89-7013-704-9 04300
	978-89-7013-700-1 (세트)

＊ 이 도서의 국립중앙도서관 출판시도서목록(CIP)은 서지정보유통지원시스템 홈페이지
(http://seoji.nl.go.kr)와 국가자료공동목록시스템(http://www.nl.go.kr/kolisnet)에서
이용하실 수 있습니다. (CIP제어번호: CIP2016014254)